MARCO POLO

NEPAL

Reisen mit Insider Tipps

Neben der Vielfalt und Schönheit ist es jene magische, mystische und märchenhafte Atmosphäre, welche Nepal so anziehend macht.

MARCO POLO Korrespondenten
Iris Kobek und Ram Pratap Thapa
(siehe S. 130)

Spezielle News, Lesermeinungen und Angebote zu Nepal:
www.marcopolo.de/nepal

NEPAL

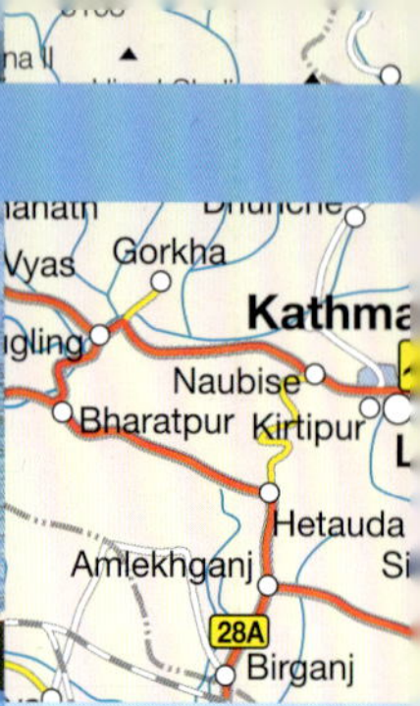

> SYMBOLE

Insider Tipp **MARCO POLO INSIDER-TIPPS**
Von unseren Autoren für Sie entdeckt

★ **MARCO POLO HIGHLIGHTS**
Alles, was Sie in Nepal kennen sollten

SCHÖNE AUSSICHT

WLAN-HOTSPOT

▶▶ **HIER TRIFFT SICH DIE SZENE**

> PREISKATEGORIEN

HOTELS

€€€ über 80 Euro
€€ 20–80 Euro
€ bis 20 Euro
Die Preise gelten für ein Doppelzimmer ohne Frühstück

RESTAURANTS

€€€ über 15 Euro
€€ 7–15 Euro
€ bis 7 Euro
Die Preise gelten für ein Essen ohne Getränke

> KARTEN

[114 A1] Seitenzahlen und Koordinaten für d Reiseatlas Nepal
[U A1] Koordinaten für d Karte Kathmandu hinteren Umschla
[0] außerhalb des Kartenausschnitts

Zu Ihrer Orientierung sind auch die Orte mit Koordin ten versehen, die nicht im Reiseatlas eingetragen sir

INHALT

> SZENE

S.12–15: Trends, Entdeckungen, Hotspots! Was wann wo in Kathmandu los ist, verrät die MARCO POLO Szeneautorin vor Ort

> 24 STUNDEN

S. 94/95: Action pur und einmalige Erlebnisse in 24 Stunden! MARCO POLO hat für Sie einen außergewöhnlichen Tag in Kathmandu zusammengestellt

> LOW BUDGET

Viel erleben für wenig Geld! Wo Sie zu kleinen Preisen etwas Besonderes genießen und tolle Schnäppchen machen können:

Leckere Momos für ein paar Rupien S. 34 | Günstig per Bus durchs Kathmandutal S. 57 | Zimmer ohne Bad, aber mit Seeblick S. 71 | Einsichten in die Badewanne der Elefanten S. 78 | Low-Budget-Trekking im Annapurna-Gebiet S. 87

> GUT ZU WISSEN

Was war wann? S. 10 | Spezialitäten S. 26 | Bücher & Filme S 37 | Spiegel des Lebens S. 39 | Nepali-Folk & -Pop S. 52 | Blogs & Podcasts S. 54 | Natur & Umwelt S. 84 | Was kostet wie viel? S. 104 | Währungsrechner S. 105 | Wetter in Kathmandu S. 106

AUF DEM TITEL

Aufregende Tour zur Geburtsstätte Buddhas S. 92
Rafting auf dem Sun Koshi S. 99

ENTDECKEN SIE NEPAL!

Unsere Top 15 führen Sie an die traumhaftesten Orte und zu den spannendsten Sehenswürdigkeiten

Die Highlights sind in der Karte auf dem hinteren Umschlag eingetragen

HIGHLIGHTS

1 Indra Jatra
Maskentänze und eine lebende Göttin machen das Fest zu Ehren Indras an Kathmandus Durbar Square zum großen Ereignis (Seite 23)

2 Altstadt Kathmandu
In Kathmandus engen Gassen und lebhaften Basaren leben Legenden und Sagen in der Gegenwart fort (Seite 33)

3 Swayambhunath
Die Stimmung rund um den ältesten Stupa Nepals sucht ihresgleichen (Seite 37)

4 Daman
Aussichtspunkt mit dem allerbesten Blick auf den Himalaya (Seite 45)

5 Bhaktapur
Das atmosphärische Töpferzentrum des Kathmandu-Tals ist auch berühmt für seine Holzschnitzereien (Seite 48)

6 Changu Narayan
Wohltuende Ruhe herrscht am wenig besuchten historischen Tempel mit der ältesten in Nepal überlieferten Inschrift (Seite 51)

7 Bodnath
Im religiösen Zentrum der Tibeter beeindruckt der größte Stupa Nepals (Seite 52)

8 Pashupatinath
Heiligster hinduistischer Tempel mit Feuerbestattungen am Ufer des Flusses Bagmati (Seite 55)

> DIE BESTEN MARCO POLO HIGHLIGHTS

9 Dhulikhel
Ausspannen bei Traumsichten auf den Himalaya in einem verträumten Newar-Städtchen (Seite 57)

10 Patan
Die Stadt der Schönheit verzaubert mit buddhistischer Kunst und Kultur sowie dem schönsten Durbar Square (Seite 58)

11 Friedens-Stupa
Heiligtum für den Weltfrieden mit bewegter Geschichte und herrlichem Ausblick (Seite 71)

12 Nuwakot
Die frühere Festung umgibt ein ganz besonderer Zauber: Wo einst der Urahn des letzten Königsfamilie residierte, herrscht heute Romantik (Seite 72)

13 Janakpur
Zauberhafte Stadt im nepalesischen Tiefland mit Indien-Flair: Tempel, Wasserbecken, Sadhus, Rikschas und Saris, die in allen Regenbogenfarben leuchten (Seite 78)

14 Sagarmatha Nationalpark
Bergsteigen auf der wahrscheinlich legendärsten Route: Auf dem Weg zum Mt. Everest warten Sherpa-Dörfer, Klöster und ein Trek der Extraklasse (Seite 84)

15 Lumbini
Das „Bethlehem der Buddhisten" und Weltkulturerbe mit seinem Heiligen Garten ist der Geburtsort von Siddharta Gaudama, dem späteren Religionsgründer Buddha (Seite 92)

Khumba-Gebiet

AUFTAKT

Abenteuer Nepal: das Land des Mount Everests, der Geburtsort Buddhas – das Traumziel für viele Reisende zeichnet sich durch enorme Vielfalt aus. Dazu gehören nicht nur die gewaltigen weißen Bergriesen, sondern auch Nepals gastfreundliche und herzliche Menschen, die malerischen Dörfer, die große landschaftliche Vielfalt, der Reichtum an Religion, Kultur und Tradition. Neben Trekking und zahlreichen anderen sportlichen Aktivitäten laden einzigartige Kunstwerke und Heiligtümer zu einem Besuch in dem kleinen Vielvölkerstaat am Himalaja ein. Erleben Sie eine andere Welt, die voller Gegensätze steckt. Namaste!

> Nepal, der Paradiesvogel Asiens: „Märchenland", „geheimnisvolles Königreich", „Land der Götter", „Land des Yeti", des Schneemenschen, oder „Shangri-La", spirituelles Paradies. Mit diesen werbeträchtigen Slogans können die meisten Nepalesen gut leben, denn sie sind stolz auf ihr Land und lieben es über alles, obwohl es als einer der ärmsten Staaten der Welt an seinen Problemen fast erstickt.

Es ist neben der Vielfalt und Schönheit eben jene magische, mystische und märchenhafte Atmosphäre, welche die Touristen anzieht. Das Flair liegt über ganz Nepal, über dem Kathmandu-Tal, das wegen Tausender Heiligtümer ein einzigartiges Kunstmuseum ist, und über dem Naturjuwel Himalaja, dem „Wohnsitz des Schnees" und der Götter, denen – so glauben die Nepalesen – die Bergsteiger auf den Köpfen herumtrampeln. Das Land ist für die Einheimischen eine einzige große Bühne, auf der mehr Feste veranstaltet werden, als das Jahr Kalendertage hat, und es ist ein Land, wo das Leben noch weitgehend vor und nicht isoliert in den Häusern stattfindet. Einsamkeit ist für Nepalesen unvorstellbar, Gemeinschaftsleben und Großfamilien sind die Norm.

Täglich neu gelebt, und zwar mit großer Intensität, wird die Religion. Die Menschen schöpfen aus ihr Kraft und Vertrauen in die Zukunft, wenn nicht für dieses, dann für das nächste Leben. Der Glaube an Wiedergeburten ist im Himalaja selbstverständlich, Gottheiten leben überall, Buddhismus, Hinduismus und lokale Glaubensrichtungen verschmolzen teilweise miteinander. Dazu ist die Religionsausübung in Nepal eine vergnügliche Sache und kommt in

> *Die Religion bestimmt das ganze Leben*

Bäuerinnen bei der Reisernte im fruchtbaren Süden Nepals

keiner Weise der ernsten Ehrfurcht in christlichen Kirchen nahe.

Im Hinduismus kann sich jeder die Gottheiten seiner Wahl suchen, Rituale sind wichtiger als Glaubensinhalte. Die Religion bestimmt die Herkunft und den Lebensrhythmus des Einzelnen und ist auf dem Land eng an die Natur und ihre Kräfte angepasst. Traditionelle religiöse Überzeugung ist auch, dass gläubigen Menschen, die in Nepal leben oder das Land besuchen, große Verehrung zuteilwerden soll, und dass jeder, der hier stirbt – auch der Unwissende – direkt das Nirwana, das ewige Paradies, erreicht. Pilger strömen in Scharen ins Land, darunter viele westliche Sinn- und Glaubenssucher, die vor allem der tibetische Buddhismus anzieht. Aber auch Reisenden ohne religiöse Intention bietet das Königreich viele Sehenswürdigkeiten und Aktivitäten: Im Kathmandu-Tal können die Touristen „Tempelallyes" unternehmen, im südlichen Tiefland Tiersafaris und im Gebirge Trekkingtouren.

Grob einteilen lässt sich das Land in drei Höhenstufen. Entlang der Grenze zu Indien liegt in meist nur 70 bis 200 m Höhe der subtropische Terai, der Ausläufer der Gangestiefebene. Hier kennt man lediglich „Hills", Hügel bis zu einer Höhe von 1800 m. Der Terai war früher eine malariaverseuchte Fieberhölle, seit wenigen Jahrzehnten sind Malaria, Dschungel und wilde Tiere weitgehend verschwunden. Dafür lebt dort

> *Ein Land zwischen Subtropen und Achttausendern*

jetzt knapp die Hälfte der nepalesischen Bevölkerung, überwiegend Hindus, aber auch einige Moslems. Die Kornkammer Nepals ist abgesehen vom Winter sehr heiß, weist eine hohe Luftfeuchtigkeit auf und wirkt ziemlich indisch: Mehr Rikschas als Autos sind unterwegs, viele Männer tragen *lungis* (lange Röcke), und ein großer Teil der Bevölkerung spricht Hindi.

Das Mittelgebirge ist das Herzstück des Landes, mit Höhen zwischen 400 und 3000 m. Hier liegen die Hauptstadt Kathmandu auf 1300 m Höhe und das zweite Touristenzentrum Pokhara auf 800 m Höhe. In Kathmandu, der Stadt der Tempel und Götter, bilden die Kulturstätten die Hauptattraktion, wenngleich die Schneegipfel aus der Ferne grüßen. In Pokhara dagegen sind die Berge

WAS WAR WANN?

Geschichtstabelle

Vorgeschichte Die frühe Geschichte Nepals liegt weitgehend im Dunkeln

563 v. Chr. Buddha wird in Lumbini, Südnepal, geboren

400–879 Königreich der Liccachavi-Dynastie

1200–1482 Königreich der eingewanderten Mallas im Kathmandu-Tal. Einführung der hinduistischen Kastenordnung

1768 Unter dem Eroberer Prithvi Narayan Shah entsteht das heutige Nepal

1814–1816 Krieg mit Britisch-Indien um Gebiete im Terai

1846 Putsch der Rana-Familie

1854–1856 Zweiter Krieg gegen Tibet

1951 Revolution gegen die Rana-Familie. Shah-König Tribhuvan gewinnt mithilfe Indiens die Macht zurück

1959 Erste freie Wahlen Nepals

1960–1962 Tribhuvans Sohn Mahendra putscht, Nepal wird Hindu-Staat

1975 Mahendras Sohn Birendra besteigt den Thron

1990 Nach einem blutigen Volksaufstand wird Nepal wieder Demokratie

Juni 2001 König Birendra wird ermordet, sein Bruder Gyanendra der Nachfolger

April 2006 Nach Massenprotesten geht die Macht an die Regierung der sieben parlamentarischen Parteien zurück

April 2007 Einsetzung einer Interimsregierung mit Maoistenbeteiligung

Mai 2008 Ausrufung Nepals zur Republik und Abschaffung der Monarchie

Juli 2008 Dr. Ram Baran Yadav wird zum ersten Präsidenten gewählt

zum Greifen nahe. Schnee fällt weder im Kathmandu- noch im Pokhara-Tal. Die Temperaturen sind gemäßigt mit nicht zu heißen Sommern und relativ milden Wintern. In der Mittelgebirgsregion lebt ein weiterer Großteil der Bevölkerung, davon über 1,5 Mio. im Kathmandu-Tal, dem Zentrum des Landes. Hier ist der Punkt, an dem sich Religionen und Völker vermischen. Das wahre Nepal jedoch ist der ländliche Bereich, wo etwa 85 Prozent der Menschen zu Hause sind.

Im Hochgebirge schließlich, das fast ganz zu Tibet gehört, finden sich nur knapp zehn Prozent der Gesamtbevölkerung. Hier liegen die Lieblingsziele der Trekker und Bergsteiger. Um diese Ziele zu erreichen, müssen Sie in tieferen Regionen aufbrechen und mehrere Kultur- und Vegetationsstufen des Landes durchqueren – und genau darin liegt der Reiz des Trekkings in Nepal: Der Weg und nicht das Ende des Aufstiegs ist das Ziel.

Leider sind die meisten Trekker blind für die Realitäten, mit denen die Einheimischen zu kämpfen haben. Seit 1990, als das Volk sich das erste Mal gegen die absolute Macht des damaligen Königs Birendra auflehnte, ist die Politik bzw. der Neuaufbau des Staates das beherrschende Thema in Nepal. Doch die Wirtschaft kommt nicht in Gang, die Menschen sind frustriert, die Kriminalitätsrate steigt. Das jährliche Pro-Kopf-Einkommen liegt bei umgerechnet ca. 388 US-$, wobei die Bauern, insbesondere die Bäuerinnen, als Selbstversorger mit wenig Einkommen die Hauptarbeit leisten. Kinderarbeit ist weit verbreitet, Sklaverei in Form von Schuldknechtschaft vor allem im Tiefland nicht unbekannt. Durch das Kastenwesen sind der Ausbeutung noch immer Tür und Tor geöffnet.

Verschärft werden die wirtschaftlichen Probleme durch Nepals Lage

> Kein Paradies, aber trotzdem paradiesisch

zwischen den Großmächten Indien und China. Beiden liegt viel daran, dass im kleinen Nachbarland Ruhe herrscht. Der seit 1996 andauernde bewaffnete Kampf der Maoisten, dem ca. 13 000 Nepalesen zum Opfer fielen, wurde im November 2006 durch die Unterzeichnung eines Friedensabkommen mit der Sieben-Parteien-Allianz offiziell beendet.

Dennoch: Nepal ist ein sanftmütiges Land, in dem der Tourismus einer der wichtigsten Wirtschaftszweige ist. Viele Nepalesen haben jedoch erkannt, welch negativen Auswirkungen er auf Kultur und Natur haben kann. Deshalb setzen sie auf umweltverträgliche Konzepte und vor allem auf Reisende, die die fremde Kultur respektieren. Ein Paradies, wie ein Werbeslogan glauben machen will, ist Nepal keines. Paradiesisch schön dagegen schon, und es steckt dank seiner Vielfalt voller Überraschungen, die entdeckt werden wollen.

Das Leben, ein Schachspiel: Alltagsszene in den Gassen von Kathmandu

WAS IST ANGESAGT?

Trends, Entdeckungen und Hotspots. Unser Szene-Scout zeigt Ihnen, was in Kathmandu los ist

Antje Baumgarten
Die Filmjournalistin zieht es regelmäßig nach Nepal. Stille Tempel und laute Gassen, Garküchen und Edelrestaurants – es sind die Gegensätze, die unseren Szene-Scout so an Nepal faszinieren. Am liebsten ist sie in Boudha und Patan unterwegs, denn hier kann sie das traditionelle Nepal erleben, Neues entdecken und gleichzeitig entspannt shoppen.

IN EISIGEN HÖHEN

Exklusiv und extrem

Strahlend blauer Himmel, unberührte, schneeweiße Pisten umgeben von den höchsten Gipfeln der Erde – Heliskiing und Heliboarding im Himalaya sind für Wintersportler die neuesten Herausforderungen. Mit dem Helikopter geht es auf über 5000 m im Everest- und Annapurna-Gebiet – ein einzigartiges Erlebnis für Skibegeisterte mit guter Kondition. Das Angebot an Helitouren hat sich erst in den letzten Jahren entwickelt. Pioniere unter den Anbietern sind die *Himalayan Heli Ski Guides (www.heliskinepal.com,* Foto*)* aus Frankreich, die mit der lokalen Reiseagentur *Alpine Everest Guides Treks & Expedition (Thamel, www.everestguides.com)* zusammenarbeiten und je nach Schneeverhältnissen und Wetterbedingungen unterschiedliche Touren anbieten.

SZENE

NIGHTLIFE

Bartime in Kathmandu

Die Club- und Partyszene in Nepal entwächst gerade den Kinderschuhen. Dreh- und Angelpunkt des Nightlifes in Kathmandu ist die Straßenkreuzung Kamaladi/Putalisadak. Nachtschwärmer zieht es hier ins *Candles Restaurant & Bar* und die nebenan liegende *Cube Bar*, wo man auf schicken, weißen Sofas Platz nimmt. Um den In-Locations in nichts nachzustehen, hat sich die *J Bar* einer Frischzellenkur unterzogen: Nach aufwendigen Renovierungsarbeiten präsentiert sie sich modern und elegant in einem Farbmix aus Schwarz und Violett *(Tridevi Marg, Thamel, hinter dem Himalayan Java)*. Ab 22 Uhr mutiert die *Insomnia Lounge* zum angesagten Club. Dann treten DJs hinter die Plattenteller und rocken die Location. Wer eine Pause braucht, chillt auf den roten Sitzgelegenheiten in der Lounge *(Durbar Marg, kurz vor dem Yak & Yeti Hotel auf der rechten Straßenseite)*. Unter *www.hottnepal.com* erhalten Szenegänger Informationen zu den angesagtesten Veranstaltungen der Region.

SPA-TIME

Schön entspannt

Auch in Nepal dreht sich neuerdings alles um Schönheit und Wellness. Die Philosophie im *Harmony Spa* basiert auf Ayurveda-Methoden mit verschiedenen Massagen und Beautyprogrammen; all das in stilvollem Ambiente umgeben von üppigen Grünanlagen *(Gokarna Forest Resort, Rajnikunj Gokarna, Thali, www.gokarna.com,* Foto*)*. Wer nicht viel Zeit hat, der gönnt sich einen Abstecher in den Beautysalon *Faces* zur Pediküre oder einer erfrischenden Gesichtsmaske *(Baber Mahal Revisited, Kathmandu, www.faces.com.np)*. Mit traditionellen japanischen Massagen verwöhnt das *SōTAI* Erholungsbedürftige *(Pulchowk, neben dem Hardic Fitnesscenter in Patan)*. Traditionelle Naturbehandlungen genießen Besucher des *Midas Day Spa & Salon (Yak &Yeti Road, Durbar Marg, Kathmandu)*.

KAFFEEGENUSS

Neue Trinkkultur

Nepals Nationalgetränk – der Milchtee – bekommt Konkurrenz, denn einheimischer Kaffee gewinnt eine immer größer werdende Anhängerschaft. Kaffee verkörpert das Moderne, aus diesem Grund sind wohl fast alle neuen Cafés auch mit WLAN-Zugang ausgestattet. Im *Café Kaldi* im Stadtteil Thamel kommen Kaffeeliebhaber voll auf ihre Kosten. Espresso, Cappuccino und Co. stehen hier auf der Karte *(in der Seitenstraße gegenüber der Pumpernickel Bakery)*. Weiterer beliebter Treffpunkt zur Kaffeepause ist das *Chikusa (Jyatha, Thamel, www.chikusacafe.com)*. Den wohl besten Milchschaum Kathmandus genießt man im Café *Himalayan Java (Tridevi Marg, www.himalayanjava.com)*.

MUSIK-JAM

Jazz aus dem Himalaya

Um Nepal auf die musikalische Landkarte der Jazzgemeinde zu bringen, brauchte es ein Festival. Die Idee dazu hatte der Musiker Navin Chettri, der Gründungsmitglied des jährlich stattfindenden Musikevents *Jazzmandu* ist *(www.jazzmandu.com)*. Neben einheimischen Bands treten hier auch internationale Acts wie das *Catia Werneck Quartett* oder die *Mark Brown Band* auf. Treibende Kraft hinter der Jazzwelle sind die Lokalmatadoren *Cadenza*. Die Hausband der *Upstairs Jazz Bar* organisiert während der Festivalwoche Konzerte in Hotels und Bars und bietet vor allem experimentellem und Impro-Jazz eine Plattform *(Lazimpat)*. Der Startschuss für das Festival fällt im *Hyatt Regency*, das darüber hinaus jeden Sonntag einen Jazz-Brunch mit Livemusik im edlen Hotelcafé anbietet *(Taragoan, Boudha, www.kathmandu.regency.hyatt.com)*. Sophisticated ist auch das Ambiente in der *Fusion Bar* des *Dwarika's Hotels* zu „Cocktails & Jazz" mittwochs ab 19 Uhr *(Battisputali, www.dwarikas.com,* Foto*)*. Ebenfalls zu empfehlen: samstags der Livejam im *New Orleans Café* in Pulchowk Patan.

MALERISCHES NEPAL

Zeitgenössische Kunst

In den letzten Jahren hat sich eine lebhafte Kunstszene in Kathmandu entwickelt, und zahlreiche Künstler zeigen ihre Arbeiten in kleinen Galerien. Binod Pradhan (Foto), geboren 1973, ist Mitglied der *Kasthamandap Artist Group* und malt, inspiriert von der reichhaltigen Kultur des Kathmandu-Tals, Tempel und Stupas. Zur jüngeren Künstlergeneration zählt auch Manish Lal Shres-tha, in dessen Kunstwerken sich das Glockensymbol immer wieder findet. Mit seiner Organisation *SUTRA* fördert er außerdem andere Künstlerkollegen *(www.manishlalshrestha.com.np)*. Erina Tamrakar und Sunila Bachrachariya zum Beispiel, die sich in ihren Bildern dem Thema Frauen widmen. Zu sehen sind die Arbeiten unter anderem in der *Siddharta Art Gallery*, die sich mit ihren Ausstellungen zeitgenössischer Kunst widmet *(Baber Mahal Revisited, Kathmandu, www.siddharthaartgallery.com)*.

BUNT UND TRENDY

Fashion-Accessoires

Die jungen Nepali sind sehr modebewusst, auch wenn das Angebot an internationalen Marken und Labels beschränkt ist. Modeschmuck lokaler Hersteller bietet da eine preisgünstige Möglichkeit, das jeweilige Outfit mit unterschiedlichen Accessoires aufzupeppen. Armreifen, Ketten, Ringe aus Naturmaterialien wie Holz oder mit Glasperlen und Steinen besetzt sind das Aushängeschild der Marke *Masala Beads*, die moderne Accessoires mit traditionellen Mustern und Materialen umsetzt *(zwei Geschäfte, eines in Jyatha, Thamel, und eines in der Nähe des Bamboo Clubs)*. Edlere Glitzervariante und ideal für Partys sind der Modeschmuck und die Taschen von *Ashley (Durbar Marg)*. Handgefertigten Silberschmuck bietet das *Márzán (im Ambassador Hotel, Lazimpat)*.

> VON BUDDHISMUS BIS YETI

Wer sind die Newar? Wo flitzen die Affen umher? Und wie sagt man in Nepal eigentlich Guten Tag?

BEVÖLKERUNG

Nepal ist ein multikultureller Staat mit 60 Völkern, die ebenso viele Sprachen sprechen und verschiedenen Religionen anhängen. Über zwei Drittel der etwa 29 Mio. Bewohner gehören alteingesessenen ethnischen Gruppen an, die heute – jeweils für sich genommen – in der Minderheit sind und als eigene Kaste geführt werden. Dazu zählen Tamang, Gurung, Magar, Rai, Limbu, Tharu, Thakali, Sherpa, tibetischen und anderen Völkern, die ursprünglich nicht dem Hinduismus anhingen. Ihnen stehen als Einheit Hindus gegenüber, dazu Moslems und wenige Christen. Die Newar wiederum sind das einzige nepalesische Volk, das eine urbane Kultur hervorgebracht hat. Sie prägten jahrhundertelang mit ihrer Kunst und ihrem Handwerk das Kathmandu-Tal.

Bild: Sangda-La-Pass (Dolpo)

STICH WORTE

BILDUNG UND ERZIEHUNG

Noch immer sind 72 Prozent der Frauen und 38 Prozent der Männer Analphabeten. Der Schulunterricht ist bis zur zehnten Klasse Pflicht und kostenlos, aber im Gebirge ein nur schwer zu bewerkstelligendes Unterfangen, da die Entfernungen groß sind. Vor allem Mädchen wird der Schulbesuch oft verweigert, weil sie bei der Arbeit im Haus und auf dem Feld gebraucht werden. Die Lehrer sind im Allgemeinen schlecht ausgebildet und bezahlt und dementsprechend unmotiviert. In Kathmandu gibt es daher viele Privatschulen. Unterrichtssprache ist Nepali, in den Städten auch Englisch. Es gibt eine staatliche Universität mit über das ganze Land verstreuten Zweigstellen sowie vier private Universitäten.

BUDDHISMUS

Der Mahayana-Buddhismus des Himalaja ist kein Glaube an einen Gott, sondern an die göttlichen Kräfte in einem selbst, in die Entwicklung des

Die größte Buddhastatue Nepals thront im Swayambhunat-Stupa in Kathmandu

Geistes, des Verstehens und der Vernunft. „Der Buddhismus lehrt, geistigen Frieden zu erreichen, und versucht, Denken und Lebenskraft so zu verändern, dass man Leiden ertragen, Tod, Krankheit und Unglück überwinden kann", sagt der Dalai Lama, geistiges Oberhaupt des tibetischen Buddhismus. Buddhisten und Hindus glauben an den Kreislauf der Wiedergeburten, aus dem es sich zu befreien gilt. Ein verantwortungsvoll geführtes Leben *(dharma)* mit vielen guten Taten kann das nächste Leben verbessern. *Karma* heißt das Gesetz von Ursache und Wirkung. Beide wollen Erleuchtung und das Nirwana („Verlöschen"), das Ende des Leidens, erreichen.

FRAUEN UND FAMILIE

Hindu-Frauen werden sehr respektvoll behandelt, stehen aber immer unter einer Fuchtel: zuerst unter der des Vaters, dann des Ehemanns und am Schluss des Sohns. Ehen werden meist arrangiert, die Braut zieht zum Mann. Tibetische Frauen dagegen sind weitgehend gleichberechtigt.

Mit 25 gilt eine Frau in Nepal als alt und schwer zu verheiraten. Nicht wenige Männer haben, obwohl es illegal ist, mehrere Frauen. Ebenso kommt es vor, dass eine Frau zwei oder drei Brüder heiratet – auch das ist illegal –, um den Familienbesitz nicht aufteilen zu müssen. Ein großes Problem ist der verbotene Verkauf nepalesischer Mädchen an indische Bordelle.

HIMALAJA

Der Himalaja, die „Wohnstätte des Schnees", ist das höchste Gebirge der Welt. Neun der 14 Achttausender sind hier zu finden: Mt. Everest (8850 m), Kangchenjunga (8534 m), Lhotse (8516 m), Makalu (8463 m),

Cho Oyu (8201 m), Dhaulagiri (8167 m), Manaslu (8163 m), Annapurna I (8091 m). Mindestens neun weitere namenlose Nebengipfel sind ebenfalls höher als 8000 m. Aus dem – in Nepal – 800 km langen Himalaja ragen außerdem 47 Siebentausender und 156 Sechstausender.

HINDUISMUS UND KASTENSYSTEM

Hindus haben zwar viele Götter, aber letztendlich glauben sie nur an eine Kraft, an die göttliche, kosmische Kraft des Universums. Die Gottheiten auf der Erde verkörpern dabei Wiedergeburten dieser Urseele: gute und böse, aufbauende und zerstörende, beschützende, Glück bringende und viele andere. Brahma ist der Schöpfer, Vishnu der Erhalter, Shiva der Zerstörer und gleichzeitige Erneuerer, Ganesh mit dem Elefantenkopf der Glücksbringer. Jedem Gott steht eine weibliche göttliche Kraft (Shakti) zur Seite, die ihm Energie und Stärke verleiht. Es gibt aber auch eigenständige Göttinnen. Hindus glauben an die Wiedergeburt. Der Körper ist der vorübergehende „Tempel der Seele“, der nach dem Tod durch Verbrennen in den Kreislauf der Natur zurückgegeben wird.

Die klassische indische Einteilung des Kastensystems lautet: Brahmane (Priester, Lehrer), Kshatriya (Herrscher, Krieger), Vaishya (Kaufmann, Handwerker, Bauer), Shudra (Diener, Arbeiter). Ohne Zugehörigkeit sind die sogenannten Unberührbaren. 1962 wurde gesetzlich bestimmt, dass die Diskriminierung aufgrund einer Kastenzugehörigkeit unzulässig ist – das System ist dennoch gesellschaftsbestimmend.

NATIONALPARKS

Nepal hat mit 15 Prozent einen großen Teil des Landes unter Naturschutz gestellt. Um den Menschen nicht zugunsten des Naturschutzes rigoros auszuschließen, werden verschiedene Nutzungskonzepte erprobt. Im Tiefland liegen der *Chitwan* und der *Bardia National Park,* das *Parsa,* das *Koshi Tappu* und das *Shuklaphanta Wildlife Reserve*, im westlichen Mittelgebirge der *Khaptad* und der *Rara National Park*, am Rand des Kathmandu-Tals der *Shivapuri National Park* und im Hochgebirge der *Shey Phoksundo National Park,* die *Annapurna Conservation Area* und die *Manaslu Conservation Area,* der *Langtang National Park,* der *Sagarmatha National Park,* der *Makalu Barun National Park* und die *Kangchenjunga Conservation Area.*

POLITIK UND VERWALTUNG

2008 erzielten die Maoisten bei den Wahlen zur verfassungsgebenden Versammlung einen überraschenden Wahlsieg. Kurz darauf wurde Nepal zur Republik erklärt und die Monarchie abgeschafft. Dr. Ram Baran Yadav, Mitglied der sozialdemokratischen Partei Nepali Congress, wurde erster Präsident der Demokratischen Bundesrepublik Nepal. Die Exekutive liegt bei der Regierung, an deren Spitze der Ministerpräsident steht.

Nepal – mit 147484 km² etwas größer als die Schweiz und Österreich zusammen – ist eingeteilt in 14 Zonen mit 75 Distrikten sowie

Eine verheiratete Hindu-Frau ist am roten Pulver im Scheitel zu erkennen

übergreifend in fünf Entwicklungsregionen mit insgesamt 58 Städten und ca. 4000 Dörfern. Dörfer und Distrikte werden von „Village" bzw. von „District Development Committees" (VCDs bzw. DDCs) verwaltet.

TIER- UND PFLANZENWELT

Tiere, Pflanzen und Bäume sind im ganzen Himalajagebiet heilig. Von allen Tieren wird die Kuh von Hindus am meisten verehrt, bei den Bäumen stehen Pipal und Banyan an erster Stelle. Der Rhododendron *(lali guras)* ist die Nationalblume.

Im Hochgebirge sind Yaks und Schneeleoparden, im Tiefland Panzernashörner, Tiger und Elefanten anzutreffen. Leoparden gibt es im Tiefland und im Mittelgebirge. Rhesusaffen flitzen in Kathmandu herum, die bildschönen Langurenaffen in den Bergen.

UMGANGSFORMEN

Normalerweise begrüßt und verabschiedet man sich mit *namaste,* dabei legt man die Handflächen in Brusthöhe aneinander. Zuerst begrüßt werden grundsätzlich alte Menschen und Respektspersonen. Das Wort „danke", *dhanyabaad,* wird nur in Ausnahmefällen benutzt. In Nepal bedankt man sich mit einem Lächeln und einem leichten Wiegen des Kopfes. Ein separates „bitte" ist ebenso unüblich. Auf Nepali drückt man „bitte" durch eine bestimmte Betonung der Tätigkeitswörter aus. Auch die klaren Wörter „ja" und „nein" fehlen. Wenn Ihr Gegenüber allerdings sanft den Kopf schüttelt, verneint es nicht, sondern meint „ja, okay".

VOLKSTRACHTEN

Aus Indien kommt der anmutige Sari, den viele Frauen tragen. Die newarischen Bauersfrauen des Kathmandu-Tales *(jyapus)* sind an ihren schwarzen Saris mit rotem Rand zu erkennen. Tibeterinnen tragen lange, ärmellose, am Rücken zusammengebundene Kleider, darüber häufig eine bunt gestreifte Schürze.

Die tibetischen Männer sind in ein loses Gewand namens *chuba* gehüllt. Die offizielle Männerkleidung *(daura duruwal)* besteht aus einer Kappe *(topi)*, einem dunklen, westlichen Jackett, einem hellen, nepalesischen Hemd, das über dem Brustkorb zusammengebunden wird, und hellen, unten eng anliegenden Baumwollhosen.

Verheiratete Hindu-Frauen erkennt man am roten Puder im Haarscheitel und einer bestimmten Halskette. Ein Punkt auf der Stirn, der *tika*, dient als Zierde oder zeigt – auch bei Männern – an, dass es vor Kurzem eine religiöse Zeremonie gegeben hat.

WIRTSCHAFT

Nepal gehört zu den ärmsten Ländern der Welt. 70 Prozent seiner Menschen leben in Armut, etwa 68 Prozent der arbeitenden Bevölkerung finden ihr Auskommen in der Landwirtschaft. Die Industrie steckt in den Kinderschuhen. Die Arbeitslosigkeit ist hoch, die Inflationsrate beträgt rund 6,4 Prozent. Harte Währung kommt vor allem durch Gastarbeiter- und Rentenüberweisungen sowie den Tourismus ins Land. Andere wichtige Exportzweige sind die Teppich-, Textil- und Schmuckindustrie.

YETI

Ob der sagenhafte Schneemensch, von dem ab und an angeblich Fußspuren gesichtet werden, wirklich existiert, ist eine Frage des Glaubens. Die Sherpas sind überzeugt, dass es ihn gibt. Im Kloster Khumjung im Everestgebiet wird ein Yeti-Skalp aufbewahrt, der aber in Wahrheit von der wilden Himalajaziege Serow stammen soll.

FARBENSCHLACHT UND KUHKOSTÜM

Vergnügt, fröhlich und unglaublich oft: Nepalesen verstehen es, zu feiern

> Die Zahl der religiösen Feste in Nepal und deren bunte Vielfalt ist überwältigend. Insgesamt gibt es mehr Feierlichkeiten als Kalendertage im Jahr. Auch die Bedeutungen, die Rituale, die von Jahr zu Jahr – wegen des Mondkalenders – wechselnden Daten sowie die verschiedenen Namen für ein und dasselbe Fest sind für Nicht-Nepalesen sehr verwirrend. Viele Feste spielen sich im großen Kreis der Familie ab, andere wiederum sind dermaßen spektakulär, dass es viele Tage lang ständig neue Überraschungen zu erleben gibt.

Die Feiern sind Ausdruck einer sehr reichen, noch lebendigen Kultur und Religion und zugleich ein wichtiger Bestandteil der nepalesischen Gesellschaft. Alle Feste haben einen Bezug zur Jahreszeit (Landwirtschaft) oder zu bestimmten Aufgaben, Ritualen und Ereignissen. Immer geht es vor allem vergnügt und fröhlich zu: Bei heiligen Ritualen sitzt man nicht ehrfürchtig herum, sondern stillt das Baby, schwatzt, raucht oder spuckt vernehmlich aus.

KALENDER

Der nepalesische Kalender „Bikram Sambat" (B. S.) ist dem christlichen knapp 57 Jahre voraus und beginnt jeweils am 13. oder 14. April. Im Gebrauch sind noch weitere Mondkalender, nach denen die Astrologen die Daten der Feste errechnen.

NATIONALFEIERTAGE

11. Jan. *Tag der Einheit;* **29. Jan.** *Tag der Märtyrer;* **18. oder 19. Feb.** *Tag der Demokratie*; **8. oder 9. Nov.** *Tag der Verfassung*

RELIGIÖSE FESTE

Falgun – Februar/März

Losar Tibetisches Neujahr. Prozessionen in Bodnath; in der Zeit um unseren Aschermittwoch

Shivaratri Großes Treffen von Hindu-Pilgern und Sadhus (Wanderheiligen) an Neumond in Pashupatinath.

★ *Holi* Frühlingsfest, das zum Vollmond endet. Vor allem Kinder und Jugendliche bewerfen sich selbst,

> EVENTS FESTE & MEHR

Frauen und Touristen mit Puder und (farbigem) Wasser, leider zunehmend auch mit Tinte, Farbe, Motoröl. Also entweder alte Klamotten anziehen oder bis 16 Uhr im Hotel bleiben. Unbedingt Thamel meiden!

Baisakh – April/Mai

Nepalesisches Neujahr am 13. oder 14. April. Besonders interessant in Bhaktapur und Thimi ist das *Bisket-Fest*, das mit zahlreichen religiösen Prozessionen gefeiert wird.
Buddha Jayanti Buddhas Geburtstag zum Vollmond im Mai. Prozessionen und viele Pilger vor allem in Swayambhunath.

Shrawan – Juli/August

Geburtstag Dalai Lama Buntes Fest mit Tänzen am 6. Juli in Bodnath.
Gai Jatra Karnevalähnliches Fest; zu Ehren der Toten am Tag nach Vollmond. Newar-Familien, die im vergangenen Jahr einen Toten zu beklagen hatten, schicken als Kühe verkleidete Angehörige auf die Straße. Hindu-Newar glauben, dass Kühe die Seelen der Verstorbenen im Leben nach dem Tod leiten können.

Aswin – September/Oktober

★ *Indra Jatra* Spektakuläres Fest in Kathmandu zu Ehren Indras, des Königs der Götter. In der Altstadt sind Maskentänze und Tempelwagen mit der lebenden Göttin zu bewundern.

Kartik – Oktober/November

Dassain Wichtiges Hindu-Fest, vergleichbar mit Weihnachten bei uns. Es symbolisiert den Sieg des Guten über das Böse. An fünf von zehn Tagen des Festes ist fast alles geschlossen, Flüge und Überlandbusse sind dann schon lange vorher ausgebucht.
Tihar oder Diwali Lichterfest zu Ehren Lakshmis, der Göttin des Reichtums und des Glücks. Wichtigster Tag ist „Bhai Tika". Der vierte Tag des fünftägigen Festes ist gleichzeitig das Neujahrsfest des Newar-Volks.

> NATIONALSPEISE IST DAS DAAL BHAAT

Die nepalesische Küche blüht im Verborgenen, aber auch Touristen können sie entdecken

> Die Bezeichnung *daal bhaat* (Linsen und Reis) für das Nationalgericht kam erst durch ausländische Besucher auf. Zuvor nannten die Nepalesen ihre Mahlzeiten einfach nur „Essen" oder „Reis", weil es streng genommen nur ein Gericht gibt – Reis und Linsen, rote, gelbe, schwarze. Je nach Geldbeutel, Jahreszeit, Anlass oder ethnischer Zugehörigkeit wird das Gericht ergänzt oder verändert. Die Beigaben werden als das bezeichnet, was sie sind: „Kartoffeln", „Blumenkohl" oder „Fleisch". Lediglich eine Festtafel hat einen gesonderten Namen, nämlich *bhoj*. Normalerweise wird zweimal am Tag, morgens vor zehn und abends gegessen – immer Daal Bhaat.

Außerhalb der Touristenorte und auf vielen Trekkingrouten fragen Sie einfach, ob es „Essen" gibt: „Khaanaa chha?" Sie erhalten dann einen riesigen Berg körnigen Reis, ein Schälchen Linsensoße, die Sie über

ESSEN & TRINKEN

den Reis schütten, etwas Gemüse sowie einen Klecks *achaar,* sehr scharf gewürztes Gemüse oder sauer-scharf eingelegte Früchte, dazu ein Glas Wasser, das Sie aber besser nicht anrühren. Das Ganze nennt sich *daal bhaat tarkaari* (mit Gemüse). Sie erhalten von allem zweimal einen Nachschlag.

Auch in Touristenrestaurants wird Daal Bhaat, allerdings ohne Nachschlag, angeboten. Es gibt mehrere moderne und trotzdem von der Architektur her authentische Restaurants, die original nepalesisches Essen servieren, inklusive Nachschlag und *rakshi* (selbst gebrannter Schnaps): das *Bhanchha Ghar (S. 39)* sowie das *Thamel House (S. 40),* edlere Adressen sind das *Krishnaparn (S. 40)* und *Bhojan Griha (S. 39)* in Kathmandu.

Gegessen wird mit den Fingern. Benutzen Sie niemals Ihre linke

Hand, in Nepal die „unreine“ Hand, und berühren Sie *niemals* das Essen, den Teller oder das Glas von Nepalesen! Für Hindus wäre das Essen damit *jutho* (rituell unrein). Die tibetisch-buddhistischen Völker wie die Sherpas haben damit jedoch keine Probleme.

Sollten Sie privat oder offiziell eingeladen werden, kommen Sie nicht auf die Minute pünktlich. Der Abend vergeht mit Trinken und Häppchen, erst am Schluss können Sie Ihren Hunger stillen. Sie essen auf dem Boden (privat) oder im Sitzen mit dem Teller auf dem Schoß.

SPEZIALITÄTEN

Genießen Sie die typisch nepalesische Küche!

SNACKS UND HAUPTSPEISEN

Aloo Tama – Kartoffeln mit Bambussprossen

Chatamari – belegter Reispfannkuchen, eine Art nepalische Pizza

Choyla – gegrilltes und danach in Senföl eingelegtes scharf gewürztes Fleisch

Daal Bhaat – Nationalgericht aus Reis, Linsen, Gemüse, Achaar und Fleischcurry

Dahi – Joghurt. Besonders berühmt Juju-Dahi (Königsjoghurt) aus Bhaktapur

Gundruk – getrocknete und fermentierte Blätter von Rettich, Kohl u. ä.

Kwati ko Suruwa - Suppe aus neun verschiedenen Bohnensorten

Momo, Momocha – tibetische Fleischravioli, gedämpft oder gebraten *(kothey)*, mit würzig-scharfer Soße serviert (Foto)

Paapad – knuspriges Linsenbrot, gebacken oder frittiert als Appetitanreger

Pakora – frittiertes Gemüse oder Käse *(paneer, cheese)* in dünnem Teigmantel

Sukuti – scharf gewürztes Dörrfleisch

Thukpa – Eintopf aus Nudeln, Gemüse und Fleisch (tibetisch)

SÜSSIGKEITEN

Gajar ko Haluwa - Karottenpudding mit Nüssen

Gulab Jamun – süße Teigbälle, eingelegt in Zuckersirup

Jalebi – in Fett gesottene Brezel gefüllt mit Zuckersirup, wird meist zusammen mit Joghurt gegessen

Khir – Reispudding

Kulfi - Milcheis mit Pistazien, Cashewnüssen und Safran

Shikarni – schmackhafte Joghurtcreme

GETRÄNKE

Chiya – würziger Milchtee mit Zucker

Khukri-Rum – nepalesischer Rum, den es in verschiedenen Größen gibt

Lassi – ein süßes oder salziges Joghurtgetränk (auch mit Früchten erhältlich)

Tongba – heißes Getränk aus fermentierter Hirse, das mit einem Bambus-Strohhalm getrunken wird. Bei den Nepalesen im Winter beliebt

Ihres Tellers entledigen Sie sich später, indem Sie ihn vorschriftsmäßig einfach unter Ihren Stuhl oder in eine Ecke stellen und dann sofort nach Hause gehen. Das Essen bedeutet das Ende der Einladung.

Bei privaten Einladungen können Sie erkennen, dass die Küche Nepals im Verborgenen blüht und vielfältiger ist als zunächst angenommen. Alle Völker Nepals haben eigene Vorlieben. So kann sich ein Newar ein Leben ohne *chiura,* Reisflocken, nicht vorstellen, ein Tieflandbewohner besteht auf *chapatis (rotis),* kleinen gebackenen Fladen. Die tibetischen Völker im Gebirge ziehen *tsampa (dhindo)* vor, nahrhaftes, geröstetes Gerstenmehl, das mit dem berühmten Buttertee zu Klößchen geknetet wird, Yakfleisch, Kartoffeln, Nudeleintöpfe und *momos,* große Fleischravioli, die gebraten als *kothey* angeboten werden, beides serviert mit einer würzig-scharfen Soße.

Nepalesen trinken Wasser und süßen Tee mit Milch. Alkohol ist bei männlichen Hindus sehr beliebt, bei den Buddhisten im Gebirge bei beiden Geschlechtern. Das ist zum einen *chhang (jhaand),* ein mit Wasser verdünnter, fermentierter Brei aus Reis, Gerste, Hirse, Mais oder einer Mischung aus diesen. Zum anderen wird aus Getreide selbst Schnaps gebrannt, der hochprozentige *rakshi.* Nepals industriell hergestellte harte Getränke sind außer Wodka, dem hervorragenden „Khukri-Rum" und Bier von eher mittlerer Qualität.

In Kathmandu, zum Teil auch in Pokhara können Sie nepalesisch und newarisch essen wie auch international – von chinesisch bis mexikanisch. Weit verbreitet ist die indische Küche. Abends müssen Sie Ihre Bestellung bis 21.30 Uhr aufgegeben haben, westliches Frühstück gibt es schon ab sechs Uhr morgens.

Die Kleidung der Tharu-Frauen ist so traditionell wie das Essen, das sie servieren

Seien Sie vorsichtig bei Salaten, meiden Sie ungeschältes Obst, und trinken Sie nur abgekochtes Wasser. Im Winter ist die Infektionsgefahr geringer als während der Monsunzeit.

KUNST, PASHMINAS UND T-SHIRTS

Das Kathmandu-Tal verführt mit Kunsthandwerk und Souvenirs selbst die sparsamsten Touristen

> In den drei alten Königstädten Kathmandu, Patan und Bhaktapur können Sie in einen echten Kaufrausch verfallen. Dabei ist immer Feilschen angesagt, in Souvenirläden, bei Taxis und Rikschas (vorher!) und bei fliegenden Händlern, bei Letzteren jedoch nicht erbarmungslos um Pfennigbeträge. Niemals mit grimmiger Miene an dieses Ritual herangehen, sie verlieren nur Ihr Gesicht. Lebensmittel und Bedarfsgegenstände des täglichen Lebens haben feste Preise.

BÜCHER

Kathmandu ist ein Dorado für Bücher- und Kartenfreaks vorzugsweise für Titel aus und über Asien. Es gibt viele gute Buchhandlungen, darunter in Thamel *Pilgrims Book House* und *Tibet Bookstore, Mandala* (alle S. 41) am Kantipath. Das Secondhandsystem in Nepal ermöglicht es, ein ausgelesenes Buch zum Bruchteil des Neupreises zu erstehen. Bei den angebotenenen Musik-CDs und DVDs handelt es sich um Raubkopien von teils schlechter Qualität.

KUNST & MALEREI

Populär ist die naive Malerei *mithila*, die von Frauen aus dem östlichen Tiefland stammt und ihre Motive aus dem Hindu-Pantheon, tantrischen Buddhismus und aus der Folklore nimmt. In verschiedenen Galerien stellen nepalesische und ausländische Künstler zeitgenössische Malerei aus. Viele Läden verkaufen hervorragende Fotografien von Land und Leuten. Das Kunsthandwerk, insbesondere Holz- und Metallarbeiten sowie Schmuck, hat durch die Ureinwohner des Tales, die Newar, eine jahrtausendalte Tradition.

TEXTILIEN & TEPPICHE

Ein handgestrickter Pullover ist Ihnen zu Hause zu teuer? Dann schlagen Sie in Kathmandu zu, und decken Sie sich gleich noch mit Socken, Mützen und Handschuhen ein. Kathmandu ist außerdem auf T-Shirts spezialisiert. Frauen sei ein *salwar kameez* (sprich „kamiés“, auch *punjabi dress*) ans Herz gelegt, ein sehr bequemer „Hosenanzug“. Sehr

> EINKAUFEN

günstig lässt sich auch Maßkleidung anfertigen *(z. B. Akriti Boutique | nahe Kantipur Temple Hotel | Jzatha | Tel. 01/4255131)*.

Kaufen Sie sich einen breiten Woll- bzw. Seidenschal, den „nepalesischen Mantel". Echte *pashminas* sind teuer und dezent in den Farben, Mischgewebe dagegen ist billig und bunt gestreift. In Schals von zwei Armlängen Breite können Sie sich im Winter einkuscheln. Die Breite von einer Armlänge ist für den Sommer geeignet. Als Decke oder als Kissen leistet der Schal gute Dienste. Traditionelle tibetische Motive und Qualitätsteppiche, die garantiert nicht von Kindern gefertigt wurden, finden Sie im *Jawalakhel Handicraft Center (Tibetan Camp, Ekantakuna, Patan)*. Sie können beim Knüpfen zusehen. Die Fabrik, die Teppiche zuverlässig nach Europa schickt, liegt hinter den Verkaufsläden.

TREKKINGAUSRÜSTUNG

Entsprechende Bekleidung und Ausrüstung gibt es in vielen Läden im Touristenviertel Thamel, auch zum Leihen. Preiswerte Stücke sind allerdings meist gefälschte Markenartikel made in Korea, Taiwan usw. Auch Liebhaber von Gummischlappen kommen auf ihre Kosten: In *Bhotahity* gibt es in Schuhgeschäften Schlappen, die bei Nässe nicht rutschen!

SUPERMÄRKTE

Lebensmittel und andere Notwendigkeiten kaufen Sie am bequemsten in den Selbstbedienungsläden in Thamel, im *Bluebird Department Store (Lazimpat und Thapathali)*, im *Bhat Bhateni Supermarket (Bhat Bhateni und Maharajgunj, größte Auswahl)*, im *Namaste Supermarket (Pulchowk, Patan)* oder im *Salesways Department Store (Pulchowk, Patan und Pokhara)*. Vollkornbrot gibt es in Thamel in der *German Bakery* oder im *Pumpernickel* und in Patan bei *Hermann Helmers*. Geschäftszentren in Kathmandu sind die Durbar Marg, die New Road sowie die Altstadtgassen. Die meisten Geschäfte sind von 10 bis 20 Uhr oder länger geöffnet.

> DIE STADT DER TEMPEL UND GÖTTER

Kathmandu ist Nepals einzige Metropole – und die quirlige Altstadt ein lebendes Kunstmuseum

KARTE IN DER HINTEREN UMSCHLAGKLAPPE

> Kathmandu [122 C3], die Hauptstadt, die Stadt mit den goldenen Dächern, die Stadt der Tempel und Götter. So stellen sich Touristen und Einheimische gleichermaßen die einzige Metropole Nepals vor.

Kathmandu, früher Kantipur, ist rund 1000 Jahre alt, aber das Gebiet war schon früher besiedelt. Heute leben im Tal, das 25 km von Ost nach West und 20 km von Nord nach Süd misst, weit über 1,5 Mio. Menschen. Hauptattraktion sind die alten Teile der Stadt mit ihrer reichen Newar-Kunst und -Architektur. Besonders auffallend: die Tempel und mehrstöckigen Wohnhäuser aus Ziegeln und kunstvoll geschnitztem Holz, die, durch Innenhöfe miteinander verbunden, wie Bienenwaben aneinanderkleben. Eine Besonderheit sind die alten Klosteranlagen, die auf Newari *bahal* und auf Sanskrit *vihar* heißen und die

Bild: Durbar Square

KATHMANDU

nahtlos mit den Wohnbereichen verbunden sind. Ihre Bewohner, Mönche *(bhiksu)* und Nonnen *(bhiksunis),* lebten dort spätestens seit dem 13. Jh. mit ihren Familien. Die Bahals mit den ihnen eigenen Regeln bestehen nach wie vor und bilden das Skelett der buddhistischen Newar-Gesellschaft. Ein traditionelles Bahal besteht aus einer zweistöckigen Wohnanlage, die sich um einen rechteckigen Innenhof gruppiert. Gegenüber vom Hofeingang befindet sich ein buddhistischer Schrein, im ersten Stock das Allerheiligste mit den tantrischen Gottheiten, zu dem nur Eingeweihte Zutritt haben. Von ursprünglich 2000 Bahals sind etwa 360 übrig geblieben, davon in Kathmandu 130. In 18 werden noch Initiationen (religiöse Einführungsweihen) vorgenommen. Kaum ein Gebäude steht länger als 600 Jahre. Fast alle mussten im Lauf der Zeit neu aufgebaut werden, weil ihnen Klima und Erdbeben stark zusetzten.

Anders als noch vor wenigen Jahren hält heute Kathmandu Touristen nicht mehr lange in seinem Bann, es sei denn, sie konzentrieren sich auf die Altstadt. In den neuen Teilen der Hauptstadt finden sie überwiegend hässliche Betonbauten, Bürohäuser, Verkehrschaos, konzentrierte Autoabgase und sehr viel Staub. Der Smog hat in den letzten Jahren so zugenommen, dass der Himalaja in der Ferne nur noch an besonders klaren Tagen zu sehen ist.

Die Altstadt Kathmandus bleibt faszinierend bis zum heutigen Tag

Zwischen Altstadt und Neustadt liegt *Thamel,* das Dorado für Touristen. Nicht unbedingt schön – aber hier gibt es einfach alles, was des Fremden Herz begehrt. Es wimmelt von Geschäften, Restaurants und Hotels, vor allem für Individualreisende. Wer nur wenige Tage in Kathmandu bleibt, sollte hier sein Quartier aufschlagen. Bei einem längeren Aufenthalt empfehlen sich ruhigere Unterkünfte am Stadtrand, denn Parks in der Stadt sind unbekannt. Sobald man aber die Hauptstraßen verlässt, geht es ruhiger und „nepalesischer" zu. Der Schmelztiegel der Nation hat sich in den vergangenen Jahren so vergrößert, dass er von seiner Schwesterstadt Patan nur noch durch den heiligen, gleichwohl verseuchten Bagmati-Fluss getrennt ist.

Die Museen in Nepal sind – wenn nicht anders angegeben – täglich außer Di 10–17, Mitte Nov.–Mitte Feb. bis 16 Uhr geöffnet.

SEHENSWERTES

ALTSTADT ★ [U B–C 2–4]

Wenn Sie Menschen aus ganz Nepal treffen möchten, dann bummeln Sie durch die Altstadt von Kathmandu, die aufgeteilt ist wie ein orientalischer Basar: In der einen Straße gibt es überwiegend Schuhe, in einer anderen Importe aus China usw. In der Straße, die diagonal durch die Altstadt führt, finden Sie vor allem Souvenirs, Schaltücher und Haushaltswaren sowie Gefäße aus Messing und Bronze. Schauen Sie ruhig in die kleinen Seitenstraßen, überall warten Überraschungen: Tempel, Schreine, Heiligtümer und Bahals. Wenn Sie sich dabei verlaufen, ist das nicht weiter tragisch. Hier ist Ihnen jeder gern behilflich.

Die Altstadt hat zwei Einkaufszentren. *Asan Tole* mit einem Gemüsemarkt sowie dem Annapurna-, Ganesh- und Vishnu-Tempel und *Indra Chowk* mit einer großen Kreuzung und dem Akash-Bhairav-Tempel, der nur Hindus offensteht. Folgen Sie der kleinen Gasse, die rechts daneben zwischen den Newar-Häusern verschwindet. Nach vielleicht 200 m müssen Sie aufpassen: Der rechts liegende Eingang zu einer der größten und schönsten (bewohnten) Klosteranlagen, dem *Itum-Bahal,* ist leicht zu übersehen. Auf halber Strecke zwischen Asan und Indra Chowk liegt – an der westlichen Seite – das Jana Bahal mit dem *Machhendranath-Tempel,* in dem die buddhistische Erlösergestalt Avalokiteshvara verehrt wird. Hier können Sie gut die Verschmelzung von Religion und Alltag beobachten. Kinder und Hunde toben zwischen den Schreinen, Gläubige beten, oben plärrt Popmusik, im Eingang singen Bhajan-Sänger abends heilige Hymnen.

Insider Tipp

Insider Tipp

DURBAR SQUARE [U B3]

Im Herzen der Altstadt liegt Kathmandus Palastplatz, der Durbar Square *(Eintritt 200 Rs)*. Das größte Gebäude, der alte Palast *Hanuman Dhoka (Eintritt 250 Rs)* war bis 1908 die Residenz der Könige. Noch heute finden dort die wichtigsten rituellen Hindu-Feste statt. Das Treiben zwischen den über 50 Schreinen, Heiligtümern und Gebäuden ist seit Jahrhunderten unverändert lebendig.

Insider Tipp

Wenn Sie von der New Road kommen, sehen Sie schon die hohen Türme des Hanuman Dhoka. Links gegenüber liegt der *Basantapur*

MARCO POLO HIGHLIGHTS

★ Swayambhunath
Der Tempel mit den aufgemalten, allsehenden Augen Buddhas an seinem Turm ist das Wahrzeichen des Tales (Seite 37)

★ Daman
Atemberaubenden Aussichten auf Everest und Co. (Seite 45)

★ Hotel Vajra
Vielleicht das ungewöhnlichste Hotel der Welt: ein Kulturzentrum mit eigenem Theater (Seite 42)

★ Altstadt
Von Kathmandus Gassen, Hinterhöfen und Tempelplätzen bekommt man einfach nie genug (Seite 33)

Square, auf dem fliegende Händler überwiegend Kitsch und Ramsch feilbieten. Am Anfang des Platzes zweigt links die legendäre Hippiestraße ▶▶ *Freak Street* ab, die Einheimische aber nur unter ihrem richtigen Namen Jhochhen Tole kennen.

Am Ende des Basantpur liegt das Haus der Königlichen *Kumari.* Die Kumari ist eine kleine, lebende Göttin, ihr Tempel der höchste des Durbar Square. Er liegt nördlich des Palasts am Ende des Platzes und weist besonders schöne Fenster im Innenhof auf. Die Kumari darf ihr Amt nur bis zur ersten Menstruation ausüben und ihr Haus nur zehnmal pro Jahr verlassen, u. a. um dem Staatsoberhaupt ihren Segen zu erteilen. Wenn Sie nun links der schmalen Gasse zwischen Häuserwand und Tempel folgen, stoßen Sie direkt auf den großen *Kasthamandap-Tempel,* der aus dem Holz eines einzigen Baumes erbaut wurde und Kathmandu wahrscheinlich seinen Namen gab. Er wurde vor ungefähr 800 Jahren errichtet und ist das älteste Gebäude auf dem Platz.

> LOW BUDGET

- > Bei der Happy Hour in Thamel (meist 16–19 Uhr), gibt's günstige Cocktails: z. B. *Maya Pub, Maya Cocktail Bar.*
- > Nach 20 bzw. 20.30 Uhr verkaufen in Thamel die Bäckereien *Hot Bread* und *Weizen Bakery* Backwaren für die Hälfte des Normalpreises.
- > Die wohl besten Pommes frites der Stadt bekommt man zum kleinen Preis bei *BK's (gegenüber vom Restaurant Rum Doodle),* einen günstigen Imbiss bei *Sandwich Point (bis spät geöffnet | in der Nähe des Thamel Chowk).*
- > *Just Juice 'n' Shakes (hinter dem Tom & Jerry Pub)* macht leckere Fruchtshakes für wenig Geld.
- > Momos kann man für nur wenige Rupien im *Dolma Momo Center* in der Nähe des Hotels Utse probieren.
- > Günstiger als in Thamel schläft man in der Freak Street, z. B. in der *Annapurna Lodge (20 Zi. | Tel. 01/ 424 76 84)* mit preiswertem, gemütlichem Gartenrestaurant Diyalo.

NARAYANHITI UND DURBAR MARG [U C–D1]

In der Neustadt, am Anfang des Boulevards Durbar Marg, steht der 1969 erbaute Königspalast Narayanhiti. Hier erschoss Kronprinz Dipendra am 1. Juni 2001 zuerst seine Familie und dann sich selbst, angeblich weil Letztere seine Auserwählte nicht akzeptierte.

Nach der Abschaffung der Monarchie 2008 wurde der ehemalige Hauptpalast des Königs nun in ein Museum umgewandelt *(Fr–Mo, Mi, 11–15 Uhr | Eintritt 500 Rs),* seine bisherigen royalen Bewohner mussten ausziehen – mit einer Ausnahme: Sarala Gorkhali, die 94-jährige Geliebte eines früheren Königs, die dort bereits seit mehr als einem halben Jahrhundert lebt, durfte bleiben. Insider Tipp

Die Palaststraße Durbar Marg war am 6. April 1990 Schauplatz jener blutigen Schießerei auf Demonstranten, nach der sich der damalige König Birendra gezwungen sah, die Demokratie wieder zuzulassen. Entlang der Palaststraße finden sich Luxushotels, viele Reisebüros, Airlines,

Restaurants und Geschäfte der gehobenen Klasse.

NATIONAL ETHNOGRAPHIC MUSEUM [122 C3]
Kleine Ausstellung über elf verschiedene ethnische Volksgruppen wie Thakali, Sherpa, Gurung usw. *Im Tourist Service Center | Bhrikuti Mandap | Kleine Eintrittsgebühr*

Abendstimmung am geschäftigen Durbar Square, dem Herzen Kathmandus

NATIONAL MUSEUM [122 C3]
Sehr schöne kunsthistorische Fundstücke aus Ton, Holz, Bronze und Stein sowie Schmuck in der Art Gallery. *An der Straße nach Swayambunath | Kleine Eintrittsgebühr*

NATURAL HISTORY MUSEUM [122 C3]
Das zur Universität gehörende Museum für Naturgeschichte beschäftigt sich auch mit Umweltfragen. Interessant ist die Ausstellung mit Tausenden von Schmetterlingen, Vögeln, Insekten, Pilzen, Fossilien und Säugetieren. *Manjushri Bazaar | Swayambhunath | Kleine Eintrittsgebühr*

NEW ROAD [U B–C3]
Durch den südlichen Teil der Altstadt verläuft die New Road. Sie wurde durch das Erdbeben von 1934 völlig zerstört, ist heute aber eine blühende, moderne Geschäftsstraße. Wenn Sie vom Kanti Path und dem New-Road-Tor kommen, sehen Sie links auf halber Strecke den *Pipal Bot,* die größte Klatschbörse Nepals. Unter einem alten, heiligen Pipal-Baum werden die neuesten, meist politischen Nachrichten und Gerüchte ausgetauscht,

Zeitungen verkauft und Schuhe geputzt. Touristen nennen den *Pipal* auch „Zeitungsbaum". In der Straße dahinter gibt es die besten Geschäfte für gute Kameras und -zubehör.

der 1903 als Residenz für Chandra Shumsher Rana erbaut wurde, steht nur noch die Vorderfront. Der Rest wurde im Juli 1973 von Gegnern des Panchayat-Systems zerstört.

Butterfettlampen tauchen den Swayambhunath-Stupa in goldenes Licht

Von den vier Straßen an der Juddha-Denkmal-Kreuzung bringt sie die linke Abzweigung – *Dharma Path* – in von Touristen weniger besuchte Gassen. Nach rechts geht die Geschäftsstraße *Shukra Path* ab, geradeaus führt Sie der Ganga Path zum Basantapur Square und zum Durbar Square.

SINGHA DURBAR [U E4–5]

In der Palastanlage befinden sich heute das Parlament und einige Ministerien. Von dem ursprünglichen Prachtbau mit über 1000 Räumen,

SUNDHARA-HITI [U C4]

Hinter der Hauptpost liegt der langsam verfallende Sundhara-Brunnen. Die drei Stockwerke tiefe Anlage ist die größte Hunderter von *hitis* – Zeugen einer vergangenen Zivilisation, die bereits eine ausgetüftelte Trinkwasserversorgung kannte.

Der benachbarte *Bhimsen-Turm* ☀ *(Eintritt 299 Rs),* auch Dharahara genannt, wurde 1832 unter Premierminister Bhimsen Thapa erbaut, während des Erdbebens 1934 zerstört und kleiner wiederaufgebaut. Tolle Aussicht im achten Stock.

SWAYAMBHUNATH ★ [122 C3]

Auf einem Hügel am Westrand der Stadt beobachten die alles sehenden Augen Buddhas vom Swayambhunath-Stupa *(Eintritt 100 Rs)* aus das Kathmandu-Tal. Der älteste Stupa Nepals (5. Jh.) hat unter Buddhisten den gleichen Stellenwert wie *Pashupatinath (kurz: Pashupati, S. 55)* für Hindus. Im Gegensatz zum *Bodnath-Stupa (S. 53)* wird Swayambhunath auch von vielen Newar-Buddhisten verehrt und von Hindus besucht. Wie in Pashupati toben hier wilde Rhesusaffen durch die zahlreichen Heiligtümer, Tempel, Chörten und Klöster. Ursprünglich war ein *stupa* (Tibetisch: *chörten*, Sanskrit: *chaitya*) das Grabmal und heiliger Aufbewahrungsort der Reliquien des historischen Buddha. Heute sind tibetische Stupas überwiegend symbolische Grabmäler und Kultbauten, denen man im Hochgebirge überall begegnet. Eine Besonderheit Nepals sind die allsehenden Augen Buddhas an den vier Seiten des Turms.

Im Gegensatz zum Bodnath-Stupa darf Swayambhunath nicht bestiegen werden. In der kleinen *Hariti-Pagode* erflehen Buddhisten wie Hindus den Segen der Göttin, die als Hariti alle Kinder beschützt. Als Sitala bewahrt sie die Menschen vor Krankheiten. Häufig steht eine lange Schlange Gläubiger mit Opfergaben

> BÜCHER & FILME

Zu Besuch bei der Mädchengöttin und im Himalaja

- **Geheime Wahlen** – Der Roman von Manjushree Thapa schildert anschaulich und in bunten Farben das Dorfleben und seine politische Kultur in den 1990er-Jahren.
- **Göttin auf Zeit** – Einen tiefen Einblick in das Leben und die Gefühlswelt der ehemaligen Kumari Amita Shakya, der Mädchengöttin, die ihre Kindheit hinter Tempelmauern verbracht hat, gewährt der Tatsachenbericht von Gerhard Haase-Hindenberg.
- **Im Schatten des Heiligen Baumes** – Die hinreißend von Greta Rana erzählte Lebensgeschichte einer Ärztin aus einer Sherpafamilie spielt in den Hochtälern des Himalaya.
- **In eisigen Höhen** – Jon Krakauers Bestseller beschreibt ausgewogen die schrecklichen Ereignisse am Everest im Jahre 1996, als gleich mehrere Bergsteiger beim Gipfelsturm starben.
- **Solange ich atme, hoffe ich. Verschollen im Himalaja** – James Scott berichtet eindringlich über seinen 43-tägigen Überlebenskampf im Himalaja, nachdem er sich im Schneesturm verlaufen hatte.
- **Der Ring des Buddha** – Der Dokumentarfilm erzählt die Geschichte des Schweizer Geologen und Nepalreisenden Toni Hagen, der als erster Europäer 1950 das „verbotene Königreich" durchquerte und damit zur Legende wurde.
- **Everest – Spiel mit dem Tod** – Der Film begleitet sechs Bergsteiger unter der Führung des erfahrenen Expeditionsleiters Russel Brice bei ihrem spannenden und emotionsgeladenen Aufstieg zum Gipfel.

vor dem Eingang. Dahinter befindet sich eine kleine buddhistische Bibliothek, von deren Dach Sie die Anlage gut überblicken können.

Wenn Sie am frühen Morgen oder am späten Nachmittag einen Spaziergang nach Swayambhunath unternehmen, wird Sie die Stimmung nicht mehr loslassen. Meiden Sie die

Im heiligen Monat Gunla (etwa August) ziehen Newar-Buddhisten jeden Morgen vor Sonnenaufgang singend und musizierend nach Swayambhunath. Nachts ist der Stupa dann illuminiert.

Etwa 2 km westlich von Swayambhunath, am Nagarjun-Hügel, liegt das 1987 gegründete Kloster

In Thamel findet sich alles, was Touristenherzen höherschlagen lässt

Anfahrt mit dem Taxi zum Parkplatz, der *hinter* dem Stupa liegt. Es ist viel interessanter, die 231 Stufen durch den Wald hochzusteigen. Der 1407 m hohe Hügel wird an seinem Fuß ständig von tibetischen Buddhisten im Uhrzeigersinn umkreist, die sich dabei häufig auf die Erde werfen und den Weg in Körperlängen abmessen. Diese Prostrationen finden ihren Höhepunkt in den Vollmondnächten.

Insider Tipp

Tritan Norbutse, das erste und bislang einzige Bön-Kloster in Kathmandu. Bön ist die präbuddhistische Religion Tibets und Nordnepals.

THAMEL [U B–C1]

1975 noch ein verschlafener Stadtteil, erlebte Thamel in den Jahren danach einen Boom, dessen Ergebnis sehr zwiespältig ist. Für Reisende ist Thamel heute ein idealer Zentrum, weil es dort alles gibt, was sie brauchen. Mehrmals wurde zwar von abendlichen Raubüberfällen auf Touristen direkt vor den Augen der Polizei berichtet, Angst brauchen Sie trotzdem keine zu haben. Aber seien Sie etwas vorsichtig, vor allem freitag- und samstagabends, wenn Jugendliche gern mal einen über den Durst trinken. Noch zählt Kathmandu zu den sicheren Hauptstädten. Seien Sie aber auf der Hut vor Taschendieben.

In Thamel gibt es wie üblich keine Straßenbezeichnungen, deshalb sind die unzähligen Hotels *(überwiegend €)*, Restaurants, Geschäfte und Trekkingbüros nicht leicht zu finden. Es gibt ein Zentrum, den *Thamel Square*, in den die einzige Straße mit Namen, die *Tridevi Marg*, mündet. Thamel geht im Süden in das Viertel *Chhetrapati* über, das ebenfalls voll auf Tourismus setzt.

Die Tridevi Marg beginnt am neuen Königspalast und führt vorbei an den drei 1815 erbauten, dreistöckigen *Kamaru*, den „Pagoden der drei Göttinnen". Es folgt das Einkaufszentrum *Sanchayakosh Building*. Die Gegend links dahinter heißt *Jyatha*, hier liegen viele neue und ruhige Hotels. Gegenüber dem Hauptquartier der südasiatischen Wirtschaftsgemeinschaft SAARC hinter der Mauer (in den Bäumen hängen Fledermäuse) liegt das nepalesische Kultusministerium. Auf seinem parkähnlichen Gelände befindet sich die *Kaiser Library (So–Do 10–17, Fr 10–15 Uhr | www.klib.gov.np)* mit mehr als 45 000 Büchern.

Direkt daneben erstreckt sich der *Garden of Dreams (tgl. 9–21.30 Uhr | Eintritt 160 Rs | www.asianart.com/gardenofdreams)*, eine wunderschöne, renovierte Gartenanlage – eine Oase mitten im Chaos. Insider Tipp

ESSEN & TRINKEN

BHANCHHA GHAR [U D2] Insider Tipp

Nepalesisches Essen mit Rakshi in renoviertem Newar-Wohnhaus. Menü und à la carte. Schöne Bar. *Kamaladi | Tel. 01/422 51 72 | €€*

BHOJAN GRIHA [U E3] Insider Tipp

Ungewöhnliches, großes Restaurant in restauriertem Priesterhaus im Rana-Stil. Snacks, Menü, Musik-

> SPIEGEL DES LEBENS

Die Durbar Squares von Kathmandu, Patan, Bhaktapur

Die berühmten *Durbar Squares* (Stadtplätze vor Palästen) von Kathmandu, Patan und Bhaktapur waren niemals Markt- oder Versammlungsorte. Vielmehr dienten sie der Inszenierung des höfischen und städtischen Rituals, was noch heute bei manchen Festen, beispielsweise beim Indra Jatra, beobachtet werden kann. Diese öffentlichen Bühnen entwickelten sich im Laufe der Jahrhunderte durch immer wieder neue Stiftungen von Tempeln, Schreinen und anderen öffentlichen Gebäuden zu reizvollen, abwechslungsreichen Plätzen. Stundenlang können Sie dort fotografieren und das bunte Treiben verfolgen. Die Stufenbauweise vieler Tempelfundamente macht's möglich.

und Tanzvorführung. *Dilli Bazaar | Tel. 01/441 64 23* | €€€

GHAR-E-KABAB [U D2]
Indische Küche, vor allem Tandoori-Gerichte. Abends klassische indische Musik. *Hotel de l'Annapurna | Durbar Marg | Tel. 01/422 17 11* | €€€

HIMALAYAN JAVA [U C1]
Nettes Kaffeehaus mit Sofaecken. Verschiedene Kaffeesorten, kleine Gerichte, Milchshakes, Kuchen und TV. *Tridevi Marg | Tel. 01/442 25 19 | www.himalayanjava.com* | €

KANTIPATH 1905 [U C1]
Schönes Restaurant in altem Rana-Palast mit Garten und Teich, öfter auch Veranstaltungen. *Kantipath | Tel. 01/422 52 72 | www.1905restaurant.com* | €–€€

KILROY'S OF KATHMANDU [U C1]
Hervorragende westliche und nepalesische Küche. Garten, Terrasse, Bar. *Thamel Mall, Jyatha, Thamel | Tel. 01/425 04 40* | €

Insider Tipp **KRISHNAPARN** [122 C3]
Newarisch-nepalesisches Ambiente und edles Menü, Zahl der Gänge nach Wahl – ein unvergessliches, mehrstündiges Erlebnis. Reservierung notwendig. *Nur abends | Dwarika's Hotel | Battisputali | Tel. 01/447 07 70* | €€€

NEW ORLEANS CAFÉ [U B1]
Beliebtes Gartenrestaurant in Thamel. Indische, westliche, Thai-Küche, So Livejazz. *Thamel | Tel. 01/470 07 36; Weitere Filiale in Pulchowk, Patan | Tel. 01/552 27 08* | €

NORTHFIELD CAFÉ [U B1]
Gartenrestaurant im Herzen von Thamel. *Tel. 01/470'08'71* | €

PILGRIMS FEED'N READ [U B1]
Indisch-vegetarisches Bistro hinter Pilgrim's Book House. Einmal wöchentlich Sitar- und Tablakonzert. *Thamel | Tel. 01/200 13 32* | €

ROADHOUSE CAFÉ [U B1]
Gemütliche Pizzeria im Lehmhausstil. Gute Nudelgerichte und Salate. *Thamel | Tel 01/44 26 01 87; Filialen in Bhat Bhateni und in Pulchowk, Patan* | €

TAMURA [U D–E 5–6]
Erstklassige japanische Küche im *Hotel Kido | Thapathali Height | Tel. 01/424 03 03* | €€€

THAMEL HOUSE [U C1]
Nepalesische Spezialitäten und Bar in einem Newar-Haus. Gegessen wird landestypisch auf Kissen auf dem Boden, die Schuhe bleiben im Flur. *Thamel Tol | Tel. 01/441 03 88* | €€

THIRD EYE RESTAURANT [U C3]
Gemütliches, beliebtes Restaurant mit guter indischer Küche. *Thamel | Tel. 01/426 02 89* |€

YIN YANG [U B1]
Beste Thai-Küche in restauriertem Rana-Palast. Am besten schmeckt es im schattigen Innenhof. *Thamel | Tel. 01/470 15 10* | €

EINKAUFEN

Insider Tipp **BABAR MAHAL REVISITED** [U D5]
Gut sortierte Geschäfte aller Couleur, Kunstgalerie, Friseur, Bars und Res-

taurants drängen sich in den Gängen und um die Plätze eines liebevoll restaurierten Rana-Palasts. *Babar Mahal*

KUNSTGALERIEN

Es gibt eine kleine, aber doch lebhafte Kunstszene in Kathmandu mit etlichen Galerien, in denen sich interessante Künstler entdecken lassen, z. B. *Park Gallery (Lazimpat | Tel. 01/441 93 53; Pulchowk | Patan | Tel. 01/552 23 07 | www.parkgallery.com.np)*; *Siddhartha Art Gallery (Babar Mahal Revisited | Tel. 01/421 80 48 | www.siddharthaartgallery.com)*; *Indigo Gallery (im Restaurant Mike's Breakfast | Naxal | Tel. 01/442 43 03)*. Ein Café mit kleiner Kunstausstellung ist das *Imeigo Dei Café & Art Gallery (Nag Pokhari | Tel. 01/444 24 64 | €)*.

MAHAGUTI SHOP [122 C3]

Ideal, um Souvenirs zu kaufen und sich mit Gebrauchsgegenständen und Bekleidung einzudecken. *Lazimpat | Tel. 01/443 87 60*

PILGRIMS BOOK HOUSE [U B1]

In Buchläden wie diesen kann man nicht nur Lesestoff, sondern auch schönes Briefpapier, Kalender oder Musikkassetten erstehen. Stöbern Sie auch nach CDs z. B. von „Sur Sudha", dem Trio, das zu den bekanntesten Interpreten traditioneller Musik aus dem Himalaja gehört. *Thamel | Tel. 01/470 09 42 | www.pilgrimsbooks.com.*

Empfehlenswert sind auch *Mandala Book Point (Kantipath | Tel. 01/422 77 11)* [U C2] und *Tibet Book Store (Tridevi Marg | Thamel | Tel. 01/441 57 88)* [U C1]

Machen Nepals Alltag bunt: Händler mit Pulvern in allen Farben des Regenbogens

THAMEL [U B–C1]
Das geschäftige Touristenviertel bietet eine große Vielfalt an Souvenirs: T-Shirts, Strickwaren, Schals, Filzartikel, Silberschmuck, Tee, Räucherstäbchen, Papierprodukte usw.

ÜBERNACHTEN

HOTEL DE L'ANNAPURNA [U D2]
Zentral gelegenes Luxushotel mit Garten, Swimmingpool, Fitnesscenter, Kasino, Restaurants, Café. *151 Zi. | Durbar Marg | Tel. 01/422 17 11 | Fax 422 52 36 | www.annapurna.com.np* | €€€

DWARIKA'S HOTEL [122 C3]
Die wohl schönste Hotelanlage Nepals am Stadtrand, mit vielen alten Holzschnitzereien, ideal für einen längeren Aufenthalt. Garten, Restaurants, kulturelle Veranstaltungen. *74 Zi. | Battisputali | Tel. 01/447 07 70 | Fax 447 13 79 | Reservierung in Deutschland: Tel. 02861/72 01 | www.dwarikas.com* | €€€

Insider Tipp **HAUS NAMASTE** [122 C3]
Familiäre Pension, tibetisches Ambiente, Garten, gute Aussicht. *10 Zi. | Tahachal (an der Straße nach Swayambunath) | Tel. 01/427 64 83 | hausnamaste@infoclub.com.np* | €

Insider Tipp **KANTIPUR TEMPLE HOUSE** [U C2]
Das Juwel im Newar-Stil ist ruhig gelegen, Dachterrasse, Restaurant. *48 Zi. | Jyatha Tol, Thamel | Tel. 01/425 01 31 | Fax 425 00 78 | www.kantipurtemplehouse.com* | €€

KATHMANDU GUEST HOUSE [U B1]
Legendäres Travellerhotel mit Garten. *120 Zi. | Thamel | Tel. 01/470 06 32 | Fax 470 01 33 | www.ktmgh.com* | €–€€

MALLA [U C1]
4-Sterne-Hotel mit schönem Garten, Pool, Restaurant, Apartment. *138 Zi. | Lekhnath Marg (nördlich von Thamel) | Tel. 01/441 83 85 | Fax 441 83 82 | www.hotelmalla.com* | €€€

NIRVANA GARDEN HOTEL [U B3]
Tibetisch-newarisches Ambiente, schöner Garten, ruhig. *60 Zi. | Chhetrapati | Tel. 01/426 04 21 | Fax 426 06 68 | www.nirvanagarden.com* | €€

SHANGRI-LA [122 C3]
Fragen Sie nach einem Zimmer zum herrlichen Garten. Pool, 2 Restaurants, Bar. *100 Zi. | Lazimpat | Tel. 01/441 29 99 | Fax 441 41 84 | www.hotelshangrila.com* | €€€

TIBET GUESTHOUSE [U D3]
Schöne Sicht von der Dachterrasse auf Swayambunath. *91 Zi., 2 Restaurants | Chetrapati | Tel. 01/425 17 63 | Fax 426 05 18 | www.tibetguesthouse.com* | €–€€

HOTEL VAJRA ★ [U A1–2]
Sehr schöne Anlage in tibetisch-nepalesischem Stil mit Holzschnitzereien in ruhiger Lage. Eigenes Theaterensemble (Aufführungen im April) und Institut für nepalesischen Tanz mit regelmäßigen Auftritten. Dazu kommen Kunstgalerie, Bibliothek, Garten, Dachterrassen mit fabelhafter Aussicht, Restaurant und eine Bar. Man spricht Deutsch. *50 Zi. | Bijyaswari (nahe Swayambhunath) | Tel. 01/427 15 45 | Fax 427 16 95 | www.hotelvajra.com* | €–€€

HOTEL YAK & YETI [U D2]
Luxuriöses Hotel, 2 Restaurants, Bar, Bäckerei, Pool, Garten und Fitnesscenter. *270 Zi. | Durbar Marg | Tel. 01/424 89 99 | Fax 422 77 82 | www.yakandyeti.com* | €€€

FREIZEIT & SPORT

Außerhalb der Hauptstadt kann man schöne Radtouren unternehmen. Räder werden in der Stadt verliehen. Es gibt viele Möglichkeiten für Tageswanderungen sowie Minitreks von zwei bis drei Tagen entlang der Bergkette, die das Tal säumt.

AM ABEND

In Kathmandu werden die Bürgersteige spätestens um 23 Uhr hochgeklappt. Länger geöffnet sind die Kneipen und Bars in Lazimpat, z. B. ▶▶ *Jazz Upstairs (Mi u. Sa Livejazz)*, in Thamel, u. a. *J-Bar*, ▶▶ *Rum Doodle*, *Tamas Spa Lounge*, *Tom & Jerry*, *Sam's Bar*, *Tantra*, *Via Via Café (belgisch-nepalesisch)* und die Diskos oder Clubs *Funky Buddha Bar* und *Fire Club*. Andere angesagte Clubs in Kathmandu sind u. a. *Cube Bar*, *Insomnia*, *Latin Quarters*, in Patan *Absolute Bar* und *Moksh*. Diskos finden sich in den Hotels: *Galaxy* im Everest Hotel, *Rox Bar* im Hyatt Regency, *Platinum* im Yak & Yeti. Glücksspiele sind in Nepal zwar verboten, trotzdem gibt es sieben *Kasinos* in verschiedenen Luxushotels.

Insider Tipp: Veranstaltungstipps finden Sie unter *www.partynepal.com*, die Tageszeitung „Himalayan Times" veröf-

Das Dwarika's Hotel bietet Komfort in authentischer Atmosphare

fentlicht täglich einen Veranstaltungskalender, freitags auch die „Nepali Times“.

Gelegentlich werden Musik- und Tanzveranstaltungen in der City Hall, der Royal Academy for Performing Arts, der Alliance Française und im British Council angeboten. Regelmäßige kulturelle Ereignisse finden

Der Vishnu von Budhanilkantha schläft auf einem Bett aus Schlangen

dienstags im Hotel Vajra statt. Aktuelle Hotelauftrittsorte sind direkt bei der Volkstanzgruppe *New Himalchuli Cultural Group | (Tel. 9841/20 68 63)* zu erfragen.

AUSKUNFT

TOURIST OFFICES

Im Flughafen | Tel. 01/206 10 11 | [122 C3]*; im Bhrikuti Mandap | Tel. 01/425 69 09 |* [U D4]

ZIELE IN DER UMGEBUNG

BUDHANILKANTHA [122 C3]

Der schlafende Vishnu aus Stein ruht 10 km nördlich von Kathmandu in einem künstlichen Teich. Die 5 m lange, schwarze Figur stammt vermutlich aus dem 7. Jh. Ganz in der Nähe liegt das komfortable *Park Village Hotel & Resort* mit Garten, Pool, Meditationsangebot *(80 Zi., 20 Apartments | Tel. 01/437 52 80 | Fax 437 16 56 | www.kghhotels.com | €€).*

DAKSHIN KALI UND CHOBAR-SCHLUCHT [122 C4]

Im Tempel der Göttin Kali wird an jedem Dienstag- und Samstagvormittag das Blut männlicher Tiere geopfert. Hindus glauben, dass ihnen dadurch ihre Sünden vergeben werden,

Wünsche in Erfüllung gehen und eine unglückliche Seele von ihrer Wiedergeburt als Tier erlöst wird. Fotografieren ist nicht gestattet.

Dakshin Kali liegt 20 km südwestlich von Kathmandu, die Straße geht stets bergauf. Am Weg liegen nach ca. 6 km die *Chobar-Schlucht*, wo der Gott Manjushri mit seinem Schwert den Abfluss für den See im Kathmandu-Tal geschlagen haben soll, und ein für Hindus bedeutender Ganesh-Tempel. Nett für eine Mittagspause: *Chobar Village Resort (3 Zi. | Tel. 01/433 35 55 | www.nepalvillageresort.com | €)*. 32 Zimmer mit tollem Ausblick vermietet das *Hattiban Resort (Tel. 01/691 61 40, 471 01 31, Buchung in Kathmandu: 01/437 13 97 | €€–€€€)* ebenfalls an der Straße nach Dakshin Kali.

DAMAN ★ **[122 B4]**

Der mit Abstand beste, aber wenig besuchte Aussichtspunkt liegt 76 km südwestlich von Kathmandu an der ersten Straße Nepals, dem 1956 eröffneten Tribhuvan Rajpath. Er ist wenig befahren und auch für Mountainbiker geeignet. Mit dem Bus dauert die Fahrt vier Stunden. Die Aussicht auf den Himalaja ist atemberaubend, die Umgebung bietet sich für Ausflüge an. Übernachtung: *Everest Panorama Resort (30 Zi. | Buchung in Kathmandu: Tel. 01/441 53 72 | www.everestpanoramaresort.com | €€€)*. Beim *Everest View Tower* gibt es Zelte des *Daman Mountain Resorts (Schlafsack mitbringen | €)*.

SEILBAHNFAHRT **[122 A3]**

Auf halber Strecke zwischen Kathmandu und Pokhara liegt das Dorf *Manakamana*, das mit Nepals einziger, 1998 erbauter *Seilbahn (tgl. 9 bis 17 Uhr | Hin- und Rückfahrt 12 US-$, Kinder 8 US-$)* zu erreichen ist. Mit der Kabinenbahn schaukeln Sie langsam hoch zum berühmten „wünscheerfüllenden" Tempel der Göttin Bhagavati. Der Pilgerort bietet zudem schöne Himalajablicke. Sie können Pauschalangebote buchen, z. B. bei *Manakamana Darshan Pvt. Ltd. (Naxal, Nagpokhari, Kathmandu | Tel. 01/443 46 90 | www.chitawoncoe.com/manakamana)*.

Zum Übernachten bietet sich das *Riverside Springs Resort* an *(22 Zi., 8 Zelte, Restaurant, Pool | Buchung in Kathmandu: Tel. 01/554 66 96 | Fax 552 97 08 | www.rsr.com.np | €€)*.

TIBETISCHE GRENZE **[123 E2]**

Ein landschaftlich reizvoller Ausflug führt zur tibetischen Grenze nach *Kodari* (115 km). Mit dem Bus brauchen Sie hin und zurück zwei Tage, mit dem Taxi schaffen Sie es an einem Tag, wenn Sie sehr früh aufbrechen – und mit dem Mountainbike je nach Kondition. Die Fahrt ist am schönsten zwischen April und Okt., doch während des Monsuns kann es passieren, dass Erdrutsche die Straße blockieren. Einfache Übernachtungen sind in *Barahbise, Kodari* und *Tatopani* (am besten) möglich. In Tatopani gibt es berühmte heiße Quellen (Frauen baden mit bedecktem Körper und nicht in BH und Slip oder im Bikini). Ihre Reise endet hinter Kodari (1640 m) an der Freundschaftsbrücke, die die Grenze markiert. Bis Lhasa sind es noch über 800 km, seit Mai 2005 gibt es eine Busverbindung Lhasa–Kathmandu.

> DAS LEBEN IN EINER ANDEREN WELT

Weil das Kathmandu-Tal bis 1951 verbotenes Land war, haben sich einzigartige Kulturschätze erhalten

> Das Kathmandu-Tal liegt durchschnittlich auf 1300 m Höhe, umsäumt von einer fast 3000 m hohen Bergkette. Das ließ schon immer die Herzen der Militärstrategen höherschlagen. Bis 1951 durften nicht einmal die Bewohner des Tieflands ohne Genehmigung nach Kathmandu reisen, 1956 erst kam eine Straße.

Autos aber gab es schon vorher. Die Rana-Familie, die Nepal ein Jahrhundert lang als ihr Privateigentum betrachtet hatte, ließ sie in Einzelteile zerlegt von Trägern nach Kathmandu schleppen. Wer in das Herz Nepals vordringen wollte, brauchte eine persönliche Einladung der Ranas. Percy Brown, ein britischer Historiker, bewältigte 1912 die 80 km lange Strecke, die in Terai begann, in einigen Tagen zu Fuß, zu Pferd, auf einem Elefanten und in der Sänfte.

Im Tal wimmelt es von buddhistischen und hinduistischen Tempeln und Heiligtümern. Etwa 7000 sollen

Bild: Stupa in Bodnath

KATHMANDU TAL

es sein. Brown beobachtete schon vor fast 100 Jahren, dass sie „rapide verfallen". Damit relativiert sich der Eindruck, den heutige Besucher bekommen, nämlich dass Kathmandu dem Untergang geweiht ist. Wahrscheinlich ging es, nach westlichen Maßstäben, im Tal schon immer chaotisch zu – doch der Zauber Kathmandus geht heute tatsächlich verloren. Zunehmend größere Teile des Tals ersticken in den Abgaswolken des explosionsartig zunehmenden Autoverkehrs, und die Umgebung wird mit hässlichen, „modernen" Betonklötzen zugebaut.

Vielleicht war es gar nicht so verkehrt, das Tal hermetisch abzuriegeln, meinen heute einige Bewohner. Nur so konnte sich die Newar-Kultur in ihrer ganzen Pracht erhalten. Entscheidend für die Blütezeit der Newar-Kunst war der Wettstreit um die schönsten Tempel und Paläste, den besonders die Malla-Könige der Stadtkönigreiche von Kathmandu, Patan und Bhaktapur zwischen dem 15. und 18. Jh. austrugen. Noch ist die Newar-Kunst ausreichend zu bewundern. Doch da Kathmandu heute das absolute Macht-, Wirtschafts- und Bildungszentrum Nepals ist, übt es große Anziehungskraft aus. Im Kampf ums Überleben bzw. um ein besseres Leben blieben Kultur und Natur bislang jedoch fast immer auf der Strecke.

Die Besiedlung des Tals begann vor mindestens 1500 Jahren. Die alten Orte wurden nach festen Vorgaben um ein Heiligtum herum errichtet, die Grenzen durch Schreine markiert. Expandierte der Ort, wurde in den neuen Teilen nach demselben Muster verfahren – *ein* Grund für die Fülle der Tempel und Tempelchen.

Im Tal warten über 100 Dörfer, die sich von den drei Städten erheblich unterscheiden, auf Entdeckungsfreudige. Hier können Sie das eigentliche Nepal entdecken, ohne trekken zu gehen. Selbst ausgedehnte Wanderungen in unberührter Natur sind in den bewaldeten Bergen am Talrand möglich. Wer Urlaub ohne Nachtleben mag, für den wird das Kathmandu-Tal nie langweilig.

Chilischoten werden in den Straßen von Bhaktapur zum Trocknen ausgebreitet

BHAKTAPUR

[122 C3] ★ **Eines der schönsten Städtchen der Welt, sagen viele Besucher, eines der rückständigsten, klagen die Bewohner. Beide haben wohl recht.** Die Besucher aber erst, nachdem der Ort in den 1980er-Jahren im Rahmen eines deutsch-nepalesischen Stadtsanierungsprojekts restauriert wurde. Insgesamt jedoch ist das Städtchen in den vergangenen 200 Jahren von der Zentralregierung in Kathmandu so sehr vernachlässigt worden, dass kommunistische Ideen auf äußerst fruchtbaren Boden fielen. Seit dem Sieg der Demokratie 1990 ist Bhaktapur fest in der Hand der linken Arbeiter- und Bauernpartei.

Bhaktapur heißt auch Bhadgaon, Reisdorf. Die ca. 60000 Einwohner sind überwiegend Newar-Bauern, die sich auch als Kunsthandwerker einen Namen machten. Der Ort wurde wahrscheinlich im 9. Jh. gegründet. Die alte Handelsstraße von Indien nach Tibet führte mitten durch die heutige Stadt, die von 1382 bis 1482 Hauptstadt des Tales war und beim Erdbeben von 1934 zum großen Teil zerstört wurde – vieles wurde wieder aufgebaut. Zur Finanzierung der Stadtentwicklung und neuer Restaurierungen erhebt Bhaktapur eine hohe, aber sinnvoll eingesetzte Eintrittsgebühr von 750 Rs. Lassen Sie das Datum aufs Ticket stempeln, dann ist es bis zu vier Wochen gültig! Bringen Sie ausreichend Zeit für einen Stadtbummel mit, oder quartieren Sie sich für ein paar Tage in einem der einfachen Hotels ein. Die Stadt ist nahezu autofrei, die Atmosphäre einzigartig. Es ist so friedlich wie auf dem Land.

Bhaktapur liegt 15 km östlich von Kathmandu. Sie können es per Trolleybus, Minibus oder Taxi erreichen. Das Fahrrad ist wegen des Verkehrs nicht mehr zu empfehlen. *www.bhaktapur.com*

SEHENSWERTES

BRONZE- UND MESSINGMUSEUM

Nepals einziges Museum für Bronze- und Messingarbeiten ist in einem Math aus dem 15. Jh. untergebracht. *Math* bezeichnet im Hinduismus ein religiöses und soziales Zentrum sowie eine Pilgerherberge.| *Am Dattatraya Square*

DATTATRAYA SQUARE

Der im Ostteil der Stadt liegende Platz bildete bis zum 15. Jh. das Zentrum Bhaktapurs. Der große, restau-

MARCO POLO HIGHLIGHTS

★ **Bhaktapur**
Ein kleines städtisches Juwel (Seite 48)

★ **Patan**
Hier lebt der Newar-Buddhismus noch (Seite 58)

★ **Dhulikhel**
Im Angesicht der Götter: Traumsichten auf den Himalaja (Seite 57)

★ **Changu Narayan**
Wenig Trubel am uralten Vishnu-Tempel (Seite 51)

★ **Bodnath**
Besuch in Klein-Tibet (Seite 52)

★ **Pashupatinath**
Der wichtigste Hindu-Tempel Nepals lädt gleich zu mehreren Besuchen (Seite 55)

rierte *Dattatraya-Tempel* in der Mitte des Platzes ist der südindischen Göttin gleichen Namens gewidmet, die Aspekte von Vishnu, Shiva und Brahma vereinigt. Rechts hinter dem Tempel steht eines der schönsten Gebäude Nepals: das über 500 Jahre alte *Pujari Math,* ein religiöses und soziales Zentrum mit Pilgerherberge. Besonders bemerkenswert sind die Schnitzereien im Innenhof.

DURBAR SQUARE

Religiöser Mittelpunkt des Platzes ist der für Nichthindus unzugängliche *Taleju-Tempel,* der älter sein dürfte als die Palastanlage (15. Jh.). Besonders berühmt sind das *Goldene Tor* und der *Palast der 55 Fenster,* den das Erdbeben von 1934 stark beschädigte. 1990 wurde gegenüber der *Chyasilin Mandap,* der *Achteckige Pavillon,* wiederaufgebaut.

MUSEUM FÜR HOLZSCHNITZEREI

Zeigt einige der schönsten newarischen Holzschnitzereien des Kathmandu-Tals. *Im Pujari Math am Dattatraya Square*

NATIONAL ART GALLERY

Hier sind vorwiegend religiöse *thangkas* (traditionelle Rollgemälde) zu sehen. *Am Durbar Square*

TAUMADHI SQUARE

Eine Einkaufsgasse führt vom Durbar Square hinunter zum Taumadhi Square, an dem die höchste Pagode Nepals liegt, der fünfstöckige *Nyatapola-Tempel.* Die Pagode ist 33 m hoch und der Göttin Bhagvati gewidmet. Schräg gegenüber liegt der *Biswanath-Tempel.*

ESSEN & TRINKEN

NYATAPOLA CAFÉ

Das Café lädt zum Verweilen hoch über dem Platz ein. *Am Taumadhi Square | Tel. 01/661 03 47* | €–€€

PEACOCK RESTAURANT

In einem alten Math mit bestem Blick auf den Platz. *Am Dattatraya Square | Tel. 01/661 51 93* | €–€€

EINKAUFEN

Bhaktapur ist ein Einkaufsparadies, hier gibt es u. a. sehr schöne Stoffe. Wer hier kauft, unterstützt die „Dezentralisierung". Die Läden konzentrieren sich rund um den Durbar Square. Holzschnitzereien gibt es auch am Dattatraya Square.

ÜBERNACHTEN

BHADGAON GUEST HOUSE

Vom Dachrestaurant des Hotels bietet sich der weitläufigste Blick über Bhaktapur. *33 Zi. | nahe Taumadhi Square | Tel. 01/661 04 88 | Fax 661 04 81 | www.bhadgaon.com.np* | €

GOLDEN GATE GUEST HOUSE

Am besten sind die „Deluxe"-Zimmer im obersten Stock. *14 Zi. | Durbar Square | Tel. 01/661 05 34* | €–€€

SHIVA GUEST HOUSE & CAFÉ CORNER

Vom alten Gebäude aus schöner Blick auf den Platz. Zwei Häuser mit je 15 Zimmern. *Durbar Square | Tel. 01/661 39 12 | Fax 661 07 40 | www.shivaguesthouse.com* | €–€€

ZIELE IN DER UMGEBUNG

Die in der Nähe liegenden Ausflugsziele wie z. B. *Nagarkot* und *Changu Narayan* werden meist im Rahmen von gebuchten Touren von Kathmandu aus angefahren. Natürlich können Sie sie auch auf eigene Faust mit Bus oder Taxi besuchen.

CHANGU NARAYAN ★ [122 C3]

Obwohl dieser Vishnu-Tempel auf einem 1540 m hohen Hügel zwischen Bodnath und Bhaktapur im gleichnamigen Dörfchen (sprich Naráyan) der bedeutendste des Tales ist, zieht er vergleichsweise wenig Pilger und Touristen an. Eine Steinsäule enthält die älteste in Nepal überlieferte Inschrift des Liccachi-Königs Manadev von 464 oder 467. *Eintritt 100 Rs. | nördlich von Bhaktapur, über 5 km lange Straße zu erreichen*

MADHYAPUR THIMI [122 C3]

Das früher nur „Thimi“ genannte, unverfälschte Bauernstädtchen ist berühmt für seine Neujahrsprozession im April, für Tonarbeiten (z. B. originelle Blumentöpfe) und Masken aus Pappmaché. *3,5 km westlich von Bhaktapur*

NAGARKOT [123 D3]

Der beliebte Aussichtspunkt liegt auf 2000 m Höhe am Ostrand des Kathmandu-Tals, 32 km von Kathmandu und 20 km von Bhaktapur entfernt. Eine Teerstraße ermöglicht die Anfahrt per Taxi oder (überfüllten) Bus ab Bhaktapur. Von Nagarkot aus gibt es schöne Tageswanderungen, z. B. zur Tempelanlage von *Changu Narayan (Gehzeit ca. 1,5–2 Std. von Tharkot/Deuralibhanjang).*

Tipp: Nicht mit dem Auto zurückfahren, sondern zu Fuß auf einem bequemen Weg hinunter nach Sankhu laufen *(Gehzeit ca. 3 Std.).* Von dort

Aus der Vogelperspektive entfaltet der Taumadhi Square seinen ganzen Zauber

aus können Sie mit Bus oder Taxi nach Kathmandu zurückkehren.

Die schönste Übernachtungsmöglichkeit finden Sie im *Nagarkot Farmhouse (15 Zi. | Buchung und Transport im Hotel Vajra | Kathmandu | €€),* einer abseits gelegenen Pension des Hotel Vajra *(S. 42)* im traditionellen Baustil. Eigener Stupa, Meditationsraum für Gruppen mit Blick auf den Himalaja.

BODNATH

[122 C3] ★ **In Bodnath, das die Einheimischen „Boudha" nennen, tauchen Sie in eine andere Welt ein. Jetzt befinden Sie sich mitten in „Klein-Tibet".** Von morgens bis abends umkreisen junge und alte Tibeterinnen und Tibeter den fast 40 m hohen Stupa, unablässig das Mantra (Gebetsformel) „Om mani padme hum" murmelnd und die Gebetsmühlen im Sockel des Bauwerks drehend. Rund um den Stupa offerieren zahlreiche Läden tibetische Souvenirs. Nördlich des Stupas entstanden Dutzende von neuen Klöstern, in denen auch Buddhisten aus Asien und dem Westen leben, die als wichtige Wiedergeborene gelten.

Im Gegensatz zum Stupa sind Andenkenläden und Klöster noch jung, sie entstanden erst in den letzten vier Jahrzehnten. Der Boom wurde durch Touristen ausgelöst, die sich näher mit dem tibetischen Buddhismus befassen wollten. Da Tibet 1950 von den Chinesen besetzt wurde und bis 1980 hermetisch abgeriegelt war, konnte niemand das Herz dieser Glaubensrichtung besuchen. Weil die Chinesen mit allen Mitteln versuchten, den tibetischen Buddhismus auszulöschen, lag es nahe, in Nepal ein neues Zentrum aufzubauen, zumal die Glaubensrichtung auch hier eine lange Tradition hat. Damit erlebte der Buddhismus ironischerweise im einzigen Hindu-Staat der Welt eine Auferstehung. Heute ist Bodnath vor allem Wallfahrtsort für Buddhisten aus Nepals Hochgebirge, Tibet, Ladakh, Bhutan und Sikkim.

„Klein Tibet" liegt 8 km entfernt am nordöstlichen Rand von Kathmandu. Will man es abends besuchen, ist man auf Taxis angewiesen.

> NEPALI-FOLK & -POP

Eine singende Nonne, Volkslieder und Rockbands

Als Reiseandenken darf eine CD mit nepalesischen Volksliedern einschließlich der beliebten, an jeder Ecke gespielten Volksweise „Resam Firiri" nicht fehlen. Traumhaft schön sind auch die Meditationen der Nonne Ani Choying Drolma, die mit Erlösen aus ihren Tourneen und dem Verkauf von CDs wie „Moments Of Bliss" eine Schule für junge Nonnen unterhält *(Arya Tara School | Pharping | nur nach Voranmeldung | Tel. 01/ 692 24 35 | www.choying.com).* Immer wieder hörenswert ist auch der Soundtrack des Films „Caravan". Angesagt bei Nepals Jugend sind die Sänger Dipak Barjacharya, Sugam Pokhrel und Nabin Bhattarai sowie die Sängerin Nima Rumba. Zu den beliebten Rockbands gehören u. a. 1974 AD, Nepathya sowie Mukti & Revival.

KATHMANDU-TAL

SEHENSWERTES

JAMCHEN YIGGHA CHOLING

Kloster mit einer 10 m hohen Buddhafigur, die den Maitreya, den Zukunftsbuddha, darstellt.

BODNATH-STUPA

Das buddhistische Heiligtum ist 40 m hoch und dürfte im Sockel einen Durchschnitt von über 100 m haben. Es ist der größte Stupa in Nepal und einer der größten der Welt. Vermutlich wurde er im 6. Jh. erbaut, sein Aufbau ähnelt einem Mandala (Meditationskreis). *Eintritt 100 Rs.*

Mantra und Gebetsmühlen: tibetische Pilgerin in Bodnath

ESSEN & TRINKEN

Von den beiden unten genannten Restaurants hat man einen herrlichen Blick auf den Stupa, auch abends, wenn er gelegentlich von unzähligen Kerzen und Butterlämpchen angeleuchtet wird. Besonders schön ist ein Besuch bei Vollmond.

SATURDAY CAFÉ

Leichte Gerichte und Kuchen, Dachterrasse, auf der Ostseite des Stupas. *Tel. 01/207 31 57* | €

STUPA VIEW RESTAURANT

Das vegetarische Restaurant mit Dachterrasse liegt gegenüber vom Stupa bei „ein Uhr“. *Tel. 01/448 02 62* | €

EINKAUFEN

Bodnath ist eine wahre Fundgrube für Tibetisches aller Art, inklusive bunter Filzstiefel, Gebetsfahnen und Klangschalen.

ÜBERNACHTEN

DRAGON GUEST HOUSE

Komfortable, kleine Unterkunft im Ort nördlich des Stupas. *Tel. 01/ 447 95 62 | dragon@ntc.net.np* | €

HYATT REGENCY KATHMANDU

Großzügige, luxuriöse Anlage mit wunderschönem Blick auf den Stupa, 4 Restaurants, Pool, Fitnesscenter. *290 Zi | Taragoan | Tel. 01/449 12 34 | Fax 449 00 33 | www.kathmandu.regency.hyatt.com* | €€€

HOTEL PADMA

Hotel an der Ostseite des Stupas. Restaurant und Internetcafé. *12 Zi. | Tel. 01/447 09 57 | Fax 4481550 | www.geocities.com/hotelpadma* | €€

SHECHEN GUEST HOUSE

Angeschlossen an das Shechen-Kloster. Vegetarisches Gartenrestaurant und Café. *23 Zi. | Tel. 01/447 90 09 | Fax 447 02 15 | www.shechenguesthouse.com.np* | €

TREKKERS HOLIDAY INN

Kleines, etwas abseits gelegenes Guesthouse unter schweizerischem Management. Kleiner Garten, Kochkurse. *8 Zi. | Chuchepati | Tel. 01/ 448 03 34 | www.trekkersholidayinn.com* | €

VERANSTALTUNGEN

KOPAN MONASTERY [122 C3] Insider Tipp

Englischsprachige Einführungen in den Buddhismus und Meditationskurse kann man zu bestimmten Zeiten u. a. im Kopan Monastery nördlich von Bodnath belegen *(Auskünfte über Retreats hier und in Pokhara: Tel. 01/448 12 68 | www.kopan-monastery.com).* Dem Kloster nahe steht das *Himalayan Buddhist Medi-*

> BLOGS & PODCASTS

Gute Tagebücher und Files im Internet

- > *www.nepal-dia.de* – Private, regelmäßig aktualisierte Website mit vielen Informationen – auf Deutsch
- > *www.yetizone.com* – Virtuelles, englisches „Guidebook" von nepalerfahrenen Trekkern mit vielen (Touren-) Tipps, Forum zum Erfahrungsaustausch und „Yeticam"
- > *http://www.travelblog.org/Asia/Nepal* – Überwiegend englische Berichte und Bilder von Nepalreisenden
- > *http://blog.com.np/* – Nepalesische Journalisten bloggen in Englisch zu Politik und Wirtschaft
- > *http://knockknocknepal.blogspot.com* – Vergnüglich zu lesendes Reisetagebuch eines Amerikaners, der fünf Monate als Backpacker in Nepal unterwegs war
- > *http://nepalergo.wordpress.com* – Eindrücke einer Schweizer Ergotherapeutin, die in einem Krankenhaus in Tansen arbeitet
- > *www.hitsfm.com.np* – Website des nepalesischen Musiksenders „hitsfm" mit der Möglichkeit, ins aktuelle Programm reinzuhören und Podcasts herunterzuladen

Für den Inhalt der Blogs & Podcasts übernimmt die MARCO POLO Redaktion keine Verantwortung.

Tibetische Gebetsfahnen flattern im Wind beim Kopan Monastery

tation Centre (Keshar Mahal, Thamel | Tel. 01/441 04 02 | Fax 470 08 91 | www.fpmt-hbmc.org | Kontaktadresse in Deutschland: Aryatara Institut e.V. | Barer Str. 70 | 80799 München | Tel. 089/27 81 72 27 | Fax 27 81 72 26 | www.aryatara.de): Tageskurse, Yoga, Workshops, Massagen, Bibliothek.

PRAYER MEETINGS [122 C3]
An tibetischen politischen Gedenktagen und an religiösen Festen treffen sich Laien, Mönche und Nonnen auf dem Stupa zu großen, farbenfrohen Gebetsversammlungen.

ZIELE IN DER UMGEBUNG

PASHUPATINATH ★ [122 C3]
Ein Spaziergang bringt Sie in 25 Minuten zu Nepals wichtigstem Hindu-Tempel. Der Fußweg ist wesentlich interessanter als eine Fahrt mit dem Taxi durch den dichten Stadtverkehr. Pashupatinath, abgekürzt Pashupati, ist mehr als einen Besuch wert. In dieser großen Tempelanlage strömen Hindus aus ganz Südasien zusammen, darunter viele Pilger und *sadhus* (Asketen, Wanderheilige), die dem weltlichen Leben entsagt haben. Sie tragen lange Bärte, z. T. wilde Haartrachten und sind in safrangelbe Tücher gehüllt. Ihr größtes Treffen findet an *Shivaratri,* einem großen Pilgerfest im Frühjahr, statt.

Verehrt wird in diesem Zentrum des Glaubens Shiva in seiner Form als Pashupatinath, „Herr der Tiere", aber auch als Schutzpatron des Hindu-Königreichs. Das Innere des Haupttempels ist für Nicht-Hindus verboten, aber es gibt in der großen Ansammlung von Tempeln, Schreinen, *lingams* (Shiva als Phallussymbol), Statuen, *dharamsalas* (Pilgerunterkünften) und *ghats* (Verbrennungsplätzen auf Treppen am Flussufer) genug anderes zu sehen, zum Beispiel auch eine große Herde wilder Rhesusaffen. Vorsicht, sie klauen wie die Raben!

Von Bänken am Hang auf der anderen Seite des heiligen Bagmati-Flusses können Sie dem Treiben zuschauen. Dort halten Sie gleichzeitig genügend Abstand zu den Verbrennungsplätzen, denn die Trauernden mögen es nicht, von kamerabewaffneten Touristen belästigt zu werden. Die besonders heiligen *acharya ghats* unterhalb des Haupttempels wurden deshalb für Nicht-Hindus gesperrt. Die Angehörigen sind dabei, wenn der Verstorbene auf dem Scheiterhaufen verbrannt wird, und begleiten dessen Seele, bevor die Asche in den Fluss gestreut und so dem Kreislauf der Natur wiedergegeben wird.

Die vielen kleinen Shiva-Tempel unterhalb der Bänke wurden zu Ehren der Ehefrauen errichtet, die einst *sati* vollzogen, sich also mit ihrem verstorbenen Mann bei lebendigem Leib verbrennen ließen, um dem traurigen Schicksal als Hindu-Witwe zu entrinnen. *Eintritt 250 Rs.*

Schlangenbeschwörer in der Tempelanlage Pashupatinath

SANKHU [122 C3]

10 km östlich von Bodnath liegt das zeitlose Newar-Städtchen Sankhu, „Nepal vor zwanzig oder hundert Jahren". Eine halbe Stunde Fußweg oberhalb des Ortes steht der buddhistisch-hinduistische Tempel *Vajrayogini,* der der tantrischen Göttin gleichen Namens gewidmet ist.

SHIVAPURI [122 C3] Insider Tipp

Ein schöner ein- oder zweitägiger Ausflug via *Nagi Gompa* (Kloster) zum 2731 m hohen Shivapuri bietet Wald, ein Tierschutzgebiet und vor allem herrliche Ausblicke. Davor liegt ein Aufstieg von 1300 m, der vier bis fünf Stunden dauert. Mehrere Wege führen ab Budhanilkantha oder Bodnath, Verpflegung und ggf. Zelt notwendig. *Eintritt in den Shivapuri Nationalpark 250 Rs.*

Ein netter Zufluchtsort am Rande des Nationalparks ist das *Shivapuri Heights Cottage (2 Bungalows mit 5 Zi. | Tel. 9841/37 19 27 | www.shivapuricottage.com | €€)*. Das letzte Wegstück muss zu Fuss bewältigt werden.

DHULIKHEL

[123 D4] ★ **Dieses verträumte Newar-Städtchen ist bestens geeignet, um einfach ein paar Tage in reiner Luft auszuspannen, zu lesen und zu wandern.** Es liegt in etwa 30 km Entfernung von Kathmandu außerhalb des Tals an der Straße nach Tibet auf 1650 m Höhe. Hier befindet sich – für den Notfall – das blitzsaubere, sehr empfehlenswerte *Dhulikhel Hospital (Tel. 011/49 04 97)*. Der medizinische Leiter, Dr. Ram Shrestha, hat in Österreich studiert.

Dhulikhel ist berühmt für Traumsichten auf den Himalaja. Bei klarem Wetter breitet sich ein großes Stück des Gebirges vor Ihnen aus. Den Everest können Sie allerdings nur als Winzling entdecken. Aber Sie werden durch andere Sieben- und Achttausender voll entschädigt. Das freundliche Hotelpersonal wird Ihnen die einzelnen Gipfel erklären. Besonders schön sind Sonnenauf- und -untergang. Morgens sollten Sie mit dem ersten Licht aus den Federn springen, denn das Farbenspiel der Wolken und die Stimmung sind am schönsten, bevor die Sonne hinter dem Himalaja auftaucht.

ÜBERNACHTEN

DHULIKHEL LODGE RESORT Insider Tipp

Sehr schönes Hotel: beste Küche, Gartenterrasse und fabelhafte Sicht auf die Berge. *42 Zi. | Tel. 011/49 00 43 | Fax 49 00 01 | www.dhulikhellodgeresort.com | €€–€€€*

HIMALAYAN HORIZON – SUN-N-SNOW

Im Newar-Stil, dazu ein Palast mit riesigen Zimmern, Restaurant, Gartenterrasse. Großartige Bergsicht. *29 Zi. | Tel. 011/49 02 96 | Fax 49 04 76 | €€*

> LOW BUDGET

- Meist überfüllt, aber wesentlich günstiger als Taxis sind die Busse, die alle wichtigen Ziele im Kathmandu-Tal anfahren.
- Beliebt unter Backpackern ist das *Double Dorje Restaurant* in *Bodnath*, ein gemütliches, kleines Restaurant in einer Seitenstraße des Stupas, nahe der *Kargyupa Gompa*.
- Das *Hotel End of the Universe* bietet drei günstige Zimmerkategorien – von Bambusbungalows bis zur Suite *(12 Zi. | in der Nähe des Mahakali-Tempels, Nagarkot | Tel. 01/66 80 11 | www.endoftheuniverse.biz)*.
- Das *Mahabuddha Guesthouse (11 Zi. | in der Nähe des Mahabuddha-Tempels, Patan | Tel. 01/554 05 75 | www.mahabuddhaguesthouse.com)* bietet ruhige, günstige Zimmer, Dachterrasse und Restaurant.

HIMALAYAN SHANGRI-LA VILLAGE RESORT
Großzügige Parkanlage mit verschiedenen Gebäudekomplexen und guter Sicht auf die Berge. *36 Zi. | Tel. 011/ 49 06 12 | Fax 49 06 13 | www.dwarikashimalayanshangrila.com* | €€€

ZIELE IN DER UMGEBUNG

NAMOBUDDHA [123 D4]
Eine Tageswanderung führt nach Namobuddha (10 km südöstlich von Dhulikhel), einem der wichtigsten Heiligtümer der Tamang. Genusstrekker brauchen für den Hinweg vier Stunden, Sportler entsprechend weniger. Nehmen Sie Proviant und Wasser mit. Der breite Weg steigt nur leicht bergan, wird aber von Autos und Bussen befahren und ist extrem staubig. Lassen Sie sich im Hotel unbedingt alle Nebenwege erklären, oder nehmen Sie einen Führer!

Namobuddha ist ein winziges Tamangdörfchen mit einem schönen Stupa namens *Vajra Dhatu*. Durch einen Rhododendronwald (Blüte im März/April) links neben dem Stupa gelangt man auf den Gandar-Madan-Hügel. Oben liegt das tibetanische Kagyü-Kloster *Thrangu Tashi Choeling* samt Meditation and Education Centre und dem angeschlossenen *Thrangu Guest House (16 Zi. | €).*

PANAUTI [123 D4]
Schöne Ziele sind auch das Dorf *Nala* und das alte, liebevoll sanierte Newar-Städtchen Panauti. Weitere Informationen zu Ziel und Anfahrt an der Rezeption Ihres Hotels. Übernachtung im *Hotel Panauti (17 Zi. | Tel. 011/44 04 69 | €)* außerhalb der Altstadt mit Garten, Dachrestaurant.

> www.marcopolo.de/nepal

PATAN

[122 C3] ★ **Von den drei Durbar Squares in Kathmandu, Bhaktapur und Patan (sprich Páten) ist der in Patan der schönste.** Er wirkt durch zwei zierliche Krishna-Tempel verspielter. Bei klarem Wetter posiert der Himalaja im Hintergrund für ein Erinnerungsfoto. Der Palastplatz liegt in der weitgehend autofreien Altstadt, umgeben von einem Gassengewirr. Die Tempel abseits des Platzes sind nur schwer zu finden. Nehmen Sie daher die Dienste eines Führers in Anspruch, der Sie für ein angemessenes Trinkgeld ans Ziel bringt.

Patan, offiziell *Lalitpur*, blickt auf eine lange buddhistische Tradition zurück. Einer Legende zufolge wurde es im 3. Jh. von Ashoka, einem Herrscher aus dem heutigen Nordindien und überzeugten Buddhisten, bei einer Pilgerreise gegründet. Chinesische Pilger schwärmten im 7. Jh. von Patan, das damals mehr als 24 000 schöne, mehrstöckige Häuser, gepflasterte Straßen, Trinkwasseranlagen und Abwasserkanäle besaß. Patan war bis ins 20. Jh. hinein die größte Ansiedlung im Tal und zeitweise Hauptstadt.

Der Bau des Durbar Square begann im 17. Jh. Einen wesentlichen Anteil an der Gestaltung hatte der Malla-König Siddinarasimha (ca. 1620–1660), der 1637 die Krishna-Tempel errichten ließ. Er erweiterte auch den Palast an der östlichen Seite des Platzes und belebte die buddhistischen Klöster. Noch heute gibt es 166, von denen 18 Initiationen vornehmen. In den umliegenden Dörfern liegen weitere 19 Bahals.

Nicht nur der Palastbezirk ist in Patan stark buddhistisch geprägt

Von der Eroberung durch die hinduistische Shah-Dynastie im 18. Jh. hat sich die Stadt bis heute nicht erholt. Patan wurde geplündert, Klöster und Tempel ihrer Heiligtümer beraubt, die Aristokratie ermordet. Das große Erdbeben von 1934 richtete weitere verheerende Schaden an.

Da die Ranas jegliche buddhistische Betätigung verbaten, mussten 1944 führende Newar-Buddhisten nach Indien ins Exil flüchten. Erst König Tribhuvan, der die Ranas 1951 verjagte, stellte den Frieden – oberflächlich – wieder her. Heute ist der Newar-Buddhismus in Patan lebendiger als in den anderen Orten des Tales, und man besinnt sich stärker denn je auf die traditionsreiche Newar-Identität. Während des Volksaufstands 1990 gegen das Panchayat-Regime der Shah-Könige gingen entscheidende Impulse von Patan aus. Die Bewohner verbarrikadierten ihre Stadt eine Woche lang und feuerten die Menschen in Kathmandu mit unkonventionellen Methoden an. So schickten Patans männliche Bewohner den Männern von Kathmandu Frauenarmreifen und Haartroddeln, um durch diese Stichelei deren nachlassenden Kampfgeist aufzufrischen.

Patan besteht wie Kathmandu aus einer alten und einer neuen Stadt. Weit über 150 000 Einwohner leben dort, überwiegend Newar. Folgt man von Kathmandu kommend der Hauptstraße *Sahid Sukra Marg,* erreicht man beim Hotel Narayani Complex eine große Kreuzung. Die Gegend hier heißt *Pulchok*. Zur Linken liegt die weitgehend autofreie Altstadt, zur Rechten der Teil der Neustadt, in dem viele wohlhabende Bürger wohnen; geradeaus geht es weiter nach Jawalakhel, das bei einem Kreisverkehr beginnt.

Nach Patan fahren Busse, aber schneller und angenehmer sind Taxis. Vom Fahrrad ist wegen des enormen Verkehrs und der Abgase eher abzuraten. *www.patan.com*

SEHENSWERTES

Insider Tipp Ein schöner, etwa einstündiger Rundweg ist in der Broschüre „Patan Walkabout – Inner City Guide" beschrieben, die als Kopie für 60 Rs im *Café Dhokaima (rechts hinter dem Patan Dhoka | Tel. 01/552 21 13 | €)* mit seinem schönen Garten erhältlich ist.

DURBAR SQUARE

Er entstand im 18. Jh., wurde aber mehrmals durch Feuersbrünste, Eroberungen und Erdbeben zerstört. Der an der Ostseite gelegene Königspalast wurde mit österreichischer und japanischer Hilfe restauriert. Der erste Eingang führt in den *Sundhara Chowk* mit dem ehemaligen königlichen Bad. Die Schutzgöttin Taleju heißt in Patan Degutale und residiert in dem hohen Tempel in der Mitte des Palastbereichs. Der achteckige Pavillon *Chyasilin Deval* gegenüber dem Palast ist Krishna gewidmet, ebenso der andere Tempel an derselben Seite in der Mitte des Platzes. *Eintritt 200 Rs.*

GOLDENER TEMPEL

Touristen nennen das Kloster Kwa Bahal „Goldener Tempel", weil das Dach des Buddha geweihten Heiligtums aus vergoldetem Kupfer besteht. Die Anlage ist ein Musterbeispiel für ein „lebendes Kunstmuseum". Möglicht macht dies eine sehr aktive Klostergemeinschaft, die eine der größten und wohlhabendsten des Landes ist. Unter ihnen befinden sich viele Newar-Händler, die seit Generationen Handel mit Tibet betreiben und noch heute den tibetischen Buddhismus praktizieren. Deshalb wurde einer der Gebetsräume des Bahal im tibetischen Stil errichtet. Mönche bitten interessierte Touristen manchmal hinein.

In dieser Anlage wohnt niemand, aber täglich werden Rituale abgehalten, in die Ratten als heilige Haustiere einbezogen werden. Die tiefer liegende Ebene im Inneren der Anlage *(Eintritt 50 Rs)* dürfen Sie nicht mit Lederschuhen betreten. Der Weg ist leicht zu finden: Am Ende des Durbar Square gehen Sie nach links und biegen dann in die erste Gasse rechts ein. Wenig später entdecken Sie an der linken Seite den von zwei Steinlöwen flankierten Eingang.

KUMBESHWAR-TEMPEL

Wenn Sie aus dem Goldenen Tempel kommend der Gasse ein Stückchen nach links folgen, taucht rechts die fünfstöckige Kumbeshwar-Pagode auf. Der Hindutempel ist Shiva geweiht und wurde 1392 gebaut. Insider Tipp Im Sommer finden hier wichtige Hindu-Feste statt.

MACHHENDRANATH-TEMPEL

Im Süden der Altstadt, in Tangal, steht der große Bungadya-Tempel, der dem Roten Machhendranath gewidmet ist, dem buddhistischen Schutzgott Patans.

MAHABUDDHA BAHAL

In einem kleinen Innenhof strebt der „Tempel der 1000 Buddhas" über 16 m in die Höhe, und trotzdem können Sie ihn von der Straße nicht entdecken. Er liegt östlich des Durbar Square irgendwo im Gassengewirr. Fragen Sie sich durch! Der Tempelturm ist mit über 3300 kleinen Terrakotta-Buddhas bedeckt und Buddha gewidmet, ein kleiner Tempel an der Seite Buddhas Mutter, Maya Devi. Tempel dieser Art, *sikhara* genannt, sind entgegen weitläufiger Meinung keine hinduistischen Tempel, sondern Heiligtümer, die vor langer Zeit von Buddhisten in Indien gebaut wurden. Mahabuddha wurde 1600 errichtet, 1934 vom Erdbeben völlig zerstört und danach mithilfe der in der Nachbarschaft lebenden und arbeitenden Newar-Künstler wiederaufgebaut.

Am Ende des Innenhofs, der im Uhrzeigersinn umschritten werden sollte, können Sie das Haus einer newarischen Künstlerfamilie betreten und vom obersten Stockwerk eine bessere Aussicht genießen. Mahabuddha hat enge Verbindungen zum nahe gelegenen Kloster *Uku Bahal*, das zu den prachtvollsten Anlagen im Tal gehört.

PATAN MUSEUM

Insider Tipp

Im alten Königspalast am Durbar Square befindet sich eines der schönsten Museen Asiens. Rund 200 religiöse Exponate, kulturelle Veranstaltungen. *Tgl. 10.30–17 Uhr | Eintritt 250 Rs | Tel. 01/553 19 38 | www.patanmuseum.gov.np*

ESSEN & TRINKEN

Rund um den Durbar Square gibt es eine Reihe von kleinen Restaurants, größere sind in Hotels zu finden.

CAFÉ DE PATAN

Zentral gelegen, gutes Restaurant mit schönem Blick vom Dach, auch 8 Hotelzimmer. *Mangal Bazaar | Tel. 01/553 75 99* | €

Heiligtum mit metallischem Glanz: der „Goldene Tempel“ Patans

CAFÉ DE TEMPEL

Auf der Nordseite mit tollem Blick auf den Durbar Square, Dachterrasse. *Tel. 01/552 71 27* | €

NANGLO BAKERY CAFÉ

Restaurantkette mit Outlets in Jawakhel, Teendhara, Sundhara, New Baneswor, Pulchowk, Teku, Tridevi Marg und Bodnath: Pizza, Momo, Burger und Steaks. In einigen Filialen arbeiten Gehörlose (Essen auf der Karte zeigen). Oft sind die Lokale auch mit Kinderspielecke ausgestattet. *www.nanglos.com* | €

PATAN MUSEUM CAFÉ

Schönes Gartenrestaurant hinter dem Patan Museum. *Tgl. 9–17 Uhr | Tel. 01/552 62 71* | €

SI TALEJU RESTAURANT & BAR

Bei klarem Wetter tolle Bergsicht von der Dachterrasse. *Mangal Bazaar | Tel. 01/553 83 58* | €

THE THIRD WORLD RESTAURANT & GUESTHOUSE

Westliches Essen und die Landesspezialität Daal Bhaat. Sauber, mit Blick auf den Krishna Mandir, Dachterrasse und 9 Zimmer. *Mangal Bazaar | Tel. 01/552 21 87 | thirdworldpatan@gmail.com* | €

EINKAUFEN

Südlich des Durbar Square verstecken sich unzählige Läden und Werkstätten mit besonders schönen Bronze-, Messing- und Silberarbeiten sowie Holzschnitzereien, am anderen Ende viele Souvenirläden. Die Qualität der Metallarbeiten und Thangkas ist oft besser als in Kathmandu, wohin ohnehin vieles „exportiert" wird. In der Neustadt befindet sich die deutsche Backstube *Hermann Helmers (Tel. 01/552 49 00)*. Der nepalesische Inhaber hat in Deutschland das Bäckerhandwerk gelernt und verkauft köstliches Brot und leckere Plätzchen.

Folgen Sie der Straße gegenüber dem Hotel Narayani Complex. An der Hauptstraße zwischen Bagmati-Brücke und Hotel Himalaya finden Sie eine Reihe attraktiver Geschäfte, die schöne Gebrauchsgegenstände verkaufen, z. B. *Mahaguthi Shop (Kupondol | Tel. 01/552 16 07), Dhukuti (Kupondol | Tel. 01/553 51 07), Sana Hastakala (Kupondol | Tel. 01/552 26 28), Anokhi Nepal oder Barefoot.*

ÜBERNACHTEN

HOTEL GREENWICH VILLAGE

Pool, Terrasse, Restaurant, Bar. *40 Zi. | Kupondol Height | Tel. 01/552 17 80 | Fax 552 66 83 | www.greenwichnepal.com* | €€

HOTEL HIMALAYA

An der Hauptstraße zwischen Kathmandu und Patan gelegen, bietet das Hotel herrliche Ausblicke auf die Berge. Restaurant, Bar, Pool, Tennis, schöner Garten. *100 Zi. | Sahid Sukra Marg | Patan | Tel. 01/552 39 00 | Fax 552 396 09 | www.himalayahotel.com.np* | €€€

NEWA CHÉN SHRESTHA HOUSE

Insi Ti

Schönes, mithilfe der Unesco restauriertes Newar-Haus. Unterkünfte im traditionellen Stil, sehr niedrige Betten. *8 Zi. | Kobahal Tole | Tel. 01/553 35 32 | www.newachen.com* | €€

SUMMIT HOTEL
Holländisch-nepalesisches Komforthotel mit herrlicher Aussicht, Garten, Pool, Restaurant, Ökomarkt *(Mi, So 10–13 Uhr)*, Reise- und Trekkingbüro. *72 Zi. | Kupondol Heights | Tel. 01/552 18 10 | Fax 52 37 37 | www.summit-nepal.com* | €€–€€€

ZIELE IN DER UMGEBUNG

GODAVARI UND PHULCHOKI [122 C4]
In der heißen Jahreszeit fliehen die Stadtmenschen – vor allem samstags – gern unter die schattigen Bäume des *Botanischen Gartens (Eintritt 100 Rs.)* in Godavari (1500 m). Da Godavari die höchste Niederschlagsmenge des Tals erhält, blüht es hier besonders üppig. Der 72 ha große Park, von denen 24 ha erschlossen sind, wurde 1961 angelegt. In der Nähe des Parks liegt ein Wasserbecken *(kunda)* mit Wasserspeiern und kleinen Tempeln. Alle zwölf Jahre (wenn Jupiter im Zeichen des Löwen steht, zuletzt im Jahr 2003) findet hier ein großes Pilgerfest statt, nahe des zehn Meter hohen Stupa *Chörten Chenmo Tongdrol*. Godavari liegt 10 km südlich von Patan und ist mit dem Bus, Taxi oder Fahrrad erreichbar. Übernachten können Sie im *Godavari Village Resort (68 Zi. | Amarabati Toukhel, Godavari | Tel. 01/556 07 75 | Fax 556 07 77 | www.godavariresort.com.np* | €€€). Auf den 2731 m hohen Phulchoki kann man wandern oder mit einem Jeep fahren.

JAWALAKHEL [122 C3]
Das tibetische Flüchtlingsdorf Jawalakhel liegt am südwestlichen Stadtrand. Es wurde nach der Massenflucht 1959 mithilfe der Vereinten Nationen und der Schweiz gegründet. Hier steht die Wiege der berühmten tibetischen Teppiche, die ungezählten Familien zu einer neuen

Über dem Palast von Patan thronen die Schneegipfel des Himalaja

Existenz verhalfen. Sie können sich die Teppichfabrik, eine Kooperative, ansehen, und neben Teppichen sehr schöne tibetische Souvenirs kaufen *(S. 29)*.

> UNTER DEN RIESEN DES HIMALAJA

In der Nachbarschaft der Götter: Im grünen Pokhara sind die Naturheiligtümer des Himalaja die Hauptattraktion

> Vielleicht kommen Sie in Pokhara [120 C3] an und sind enttäuscht, weil Sie die gewaltigen Sieben- und Achttausender nicht sehen können. Seien Sie unbesorgt! Spätestens am nächsten Morgen fallen Ihnen die Berge quasi ins Haus.
Vor allem der Machhapuchhare („Fischschwanz"), der sich majestätisch über der Stadt erhebt, ist zum Greifen nahe. In 30 bis 60 km Entfernung breiten sich vor Ihnen von links nach rechts (West nach Ost) aus: Dhaulagiri (8167 m), Annapurna South (7219 m), Annapurna I (8091 m), der erste Achttausender, der 1950 bestiegen wurde, Machhapuchhare (6993 m), das „Matterhorn Nepals", Annapurna III (7555 m), Annapurna IV (7525 m), Annapurna II (7937 m) und Lamjung (6986 m).

Die Gipfel des Himalaja und ein See machen die Hauptattraktionen des idyllischen Pokhara-Tals aus, das selbst nur rund 800 m hoch liegt. Im

Bild: Pokhara

POKHARA

Gegensatz zu den von Menschenhand geschaffenen Heiligtümern im Kathmandu-Tal sind es hier die natürlichen Heiligtümer, die Wohnsitze der Götter, die zu wahren Fotoorgien animieren. Die meisten Besucher Pokharas kommen, um von hier aus zu einer Trekkingtour aufzubrechen.

Pokhara liegt in der Mitte Nepals, 200 km von Kathmandu, 70 km von Tibet und 80 km von der indischen Grenze entfernt. Das Tempo ist beschaulich, das Klima wärmer als in Kathmandu. Das Tal ist 39 km lang und maximal 7 km breit. Die Stadt selbst erstreckt sich über 10 km von Nord nach Süd. Im Norden liegt der alte Basar, daran schließt sich das neue Geschäftszentrum *Mahendra Pul* an, auch die Post ist hier und der neue, hässliche *China Chowk* mit dem Fernbus-Bahnhof. Im Südosten liegt der Flughafen, im Südwesten der berühmte Phewa-See.

Am Seeufer und der Umgebung wimmelt es von Hotels, Lodges, Restaurants und Geschäften. Allerdings liegen nur wenige Hotels am Seeufer, und der schönste Blick auf den See ist leider völlig verbaut. Die Uferstraße hat eher den Charakter einer Geschäftsstraße denn einer Promenade. Sie ist der Lebensraum für Kinder, Tiere, fliegende Händler, dort fahren Fahrräder, Motorräder, Autos. Der Zugang zum Wasser ist nur selten möglich. Vom Flughafen kommend führt Sie eine Verlängerung dieser Geschäftsstraße an das Ostufer des Sees. Hier in *Pardi* liegt das erste Hotelzentrum, nahe einem kleinen Staudamm und Minikraftwerk. Wenn Sie Pardi hinter sich gelassen haben und an einer Kreuzung einen großen Baum sehen, geht es links am See entlang. Merken Sie sich diese Stelle, da es auch in Pokhara keine Straßennamen gibt. Rechts und etwas später links kommen Sie zum *Immigration Office (S. 104)*.

Am See folgen nun lang gezogen der Ortsteil Baidam, der Königspalast *Ratna Mandir* und das alte Zentrum des Seeufers, wo Pilger zu einer kleinen vorgelagerten Insel paddeln. Wenig später erreichen Sie links eine Fischfarm *(fishery)*, einen Campingplatz sowie eine Kreuzung. Biegt man hier rechts ein, stößt man nach einer Weile wieder auf das nördliche Pokhara (China Chowk, Mahendra Pul). Folgen Sie der jetzt ungeteerten Straße geradeaus weiter, kommen Sie in das letzte alte Seeidyll, ge-

Ruhepause für einen müden Pilger am Bindhya-Basini-Tempel

nannt *Khahare* – auch hier fressen sich Hotels und Restaurants unaufhörlich voran. In Pokhara selbst gibt es kaum Sehenswürdigkeiten, aber die nähere und weitere Umgebung mit ihrer subtropischen Vegetation ist voll davon.

Pokhara war früher ein wichtiger Handelsort zwischen Indien und Tibet. Der Salz- und Wollhandel kam jedoch nach der Schließung Tibets durch die Chinesen zum Erliegen. Erst 1968 konnte ein Auto Pokhara anfahren, auf dem Siddhartha Highway, der von der indischen Grenze im Süden hierher verläuft. Die große Veränderung erfolgte 1972 mit dem von Chinesen erbauten Prithvi Highway, der Pokhara endlich an die Hauptstadt anschloss. Heute leben in Pokhara über 200 000 Menschen. Sie können das Tal zu Fuß erkunden, per Rad, Motorrad oder Taxi.

SEHENSWERTES

ANNAPURNA REGIONAL MUSEUM

Kleines naturgeschichtliches Museum mit großer Schmetterlingssammlung. *So–Fr 10–16 Uhr | P N Campus (auf dem Gelände der Uni, in der Nähe des alten Basars) | Eintritt frei*

AUSSICHTSPUNKTE ★

Die Schneegipfel können Sie von den Dachterrassen vieler Hotels gut sehen, am Seeufer in Khahare, und von überall, wo Straßen und Wege höher verlaufen. Genießen Sie den Sonnenaufgang auf der Dachterrasse Ihres Hotels oder mit einem Picknickkorb in der Natur.

BINDHYA-BASINI-TEMPEL

Der Tempel liegt im alten Basar und ist der Göttin Bhagwati gewidmet. 1949 durch ein Feuer zerstört und neu aufgebaut. Samstags große *puja* (Anbetung, Opfergaben).

INTERNATIONAL MOUNTAIN MUSEUM

Das „Museum des Bergsteigens" bietet zwei Ausstellungshallen mit Bergmodellen des Himalaja, Ausrüstungsgegenständen und nützlichen Informationen rund ums Bergsteigen. *Tgl. 10–17 Uhr | Rato Pairo (in der Nähe des Shangri-La Village Hotels), Pokhara | Eintritt 300 Rs | Tel. 061/46 07 42 | www.mountainmuseum.org*

MARCO POLO HIGHLIGHTS

★ Aussichtspunkte
Zum Frühstück ein Sonnenaufgang über dem Himalaja (Seite 67)

★ Phewa-See
Machen Sie eine Bootstour und nehmen Sie ein erfrischendes Bad (Seite 68)

★ Nuwakot
Ruinenfestung mit berauschendem Weitblick (Seite 72)

★ Friedens-Stupa
Netter Bootsausflug verbunden mit herrlichen Bergsichten und einem Besuch im Wald der Königin (Seite 71)

★ Tibetische Flüchtlingsdörfer
Besuchen Sie die tibetischen Flüchtlinge, die von selbst gefertigten Souvenirs und Teppichen leben (Seite 73)

NYESHANG GOMPA
Tibetisches Kloster östlich von Mahendra Pul, erbaut von Buddhisten aus Manang.

PHEWA-SEE ★
Offiziell *Phewa Tal* („Tal“ ist in Nepal ein Wort für „See“). Er ist 5 km² groß und bis zu 20 m tief. Auf der kleinen Insel steht der *Varahi-Tempel,* in dem der Schutz der tantrischen Muttergöttin Varahi erfleht wird. Der Bergsee ist nicht ohne Probleme. Erosionsablagerungen lassen ihn schrumpfen, und sehr sauber ist er auch nicht. Baden Sie am besten weit weg vom Pokhara-Ufer. Sie können Ruderboote mit und ohne Bootsmann *(pro Stunde 300–400 Rs.)* mieten. Das Ufer gegenüber hält eine Menge lauschiger Plätzchen bereit und besitzt einen herrlichen, geschützten Wald (*Raniban,* der Wald der Königin). Sie dürfen mit einer Genehmigung der Fishery auch angeln; Zubehör können Sie in Läden am Seeufer ausleihen. Oben ohne oder nackt baden ist nicht nur verboten, sondern eine grobe Beleidigung der Sitten.

POKHARA MUSEUM
Regionalmuseum, das die hier lebenden Menschen und ihre Kultur beschreibt. *Mi–Mo 10–16 Uhr | kleine Eintrittsgebühr*

TAMU KWOHIBO TEMPEL
Kleines Museum über die Gurung (Tamu), östlich der Seti-Schlucht. *Unregelmäßig geöffnet*

ESSEN & TRINKEN
Neben Restaurants in den größeren Hotels gibt es zahlreiche andere Möglichkeiten. Am See bieten Snackbars sehr gute Milchshakes und frische Fruchtsäfte an. Traditionelle ▶▶ Travellertreffpunkte sind das *Baba Restaurant (Baidam),* und die Restaurants *Hungry Eye* und *Don't Pass Me By* nahe der Bootsanlegestelle. Tibetische Küche ist gut im *Little Tibetan Tea Garden* und im *Rice Bowl* ganz in der Nähe, indische Küche am Seeufer in den Restaurants *Boomerang* und *Fewa Park,* die auf indische Gäste mit Kindern eingestellt sind. Livemusik am Abend bieten die Bars *Club Amsterdam, Club Paradiso* und *Busy Bee Café.*

EINKAUFEN
Am Seeufer gibt es alles, was das Touristenherz begehrt, ähnlich wie in Thamel, nur nicht ganz so gut. Sie finden Trekkingausrüstung, Buchläden mit Secondhand-Abteilungen und tibetische Souvenirs. Halten Sie die Augen auf nach *Saligrams,* schwarzen, versteinerten Schnecken, die vor mindestens 40 Mio. Jahren am Meeresboden lebten und nördlich von Pokhara gefunden werden.

ÜBERNACHTEN
Touristengruppen übernachten in den luxuriösen Hotels gegenüber vom Flughafen. Aber schöner ist es am See, wo es ungezählte, überwiegend preiswerte Unterkünfte sowie einen schön gelegenen, aber einfachen und schattenlosen Campingplatz gibt.

HOTEL BARAHI
Alle Zimmer mit Balkon, Garten, Pool, abends Kulturprogramm. *85 Zi. | Lakeside | Tel. 061/46 06 17 | Fax 46 15 72 | www.barahi.com | €€*

DRAGON HOTEL
Garten, Dachterrasse. *30 Zi.* | *Pardi, Damside* | *Tel. 061/64 06 30* | *Fax 46 03 91* | *hdragon@wlink.com.np* | €

HOTEL FEWA
Beliebtes Hotel, Garten, am Wasser. Mit Restaurant *Mike's Breakfast*. *20 Zi.* | *Baidam, Lakeside* | *Tel. 061/46 31 51* | *www.hotelfewa.com* | €€

FISHTAIL LODGE
Sehr schöne Anlage, aber überteuert. Garten, nahe Baidam versteckt direkt am See gelegen, Restaurant. *60 Zi.* | *Tel. 061/46 50 71* | *Fax 46 50 72* | *www.fishtail-lodge.com* | €€€

FULBARI RESORT & SPA
Riesige, vielseitige, luxuriöse Anlage, Pool, Tennis, Golf. *165 Zi.* | *südöstlich vom Flugplatz* | *Tel. 061/43 24 51* | *Fax 43 14 82* | *www.fulbari.com* | €€€

THE KANTIPUR HOTEL
Garten, Dachterrasse, jedes Zimmer mit Balkon, 2 Restaurants, Bar, Kulturprogramm. *50 Zi.* | *Lakeside* | *Tel. 061/46 02 86* | *Fax 46 10 04* | *www.hotelkantipur.com* | €€–€€€

HOTEL MONA LISA
Toller Blick, sehr sauber. *10 Zi.* | *Pardi* | *Tel./Fax 061/46 38 63* | €€

SHANGRI-LA VILLAGE RESORT
Große, schöne Anlage mit Pool. Fitnesscenter, Sauna, Restaurant, Bar. *65 Zi.* | *Ghari Patan, Pardi (südlich vom Flugplatz)* | *Tel. 061/52 21 22* | *Fax 52 19 95* | *www.pokharahotels.com/luxury_hotels.htm* | €€€

Nepal, mal ganz anders – bei einem Milchshake am Seeufer

THREE SISTERS GUEST HOUSE
Kleine Unterkunft in der Bucht, geführt von drei Schwestern, die auch Trekkingtouren für Frauen organisieren. *10 Zi. | Khahare, Lakeside | Tel. 061/46 20 66 | www.3sistersadventure.com | €*

TIGER MOUNTAIN POKHARA LODGE
Komfortables Resort im dörflichen Stil, das auf einem Bergrücken etwa eine halbe Stunde von Pokhara liegt. *17 Zi. | Kandanidanda (östlich von Pokhara) | Tel. in Kathmandu 01/436 15 00 | www.tigermountain.com | €€€*

AUSKUNFT

TOURIST OFFICE
Pardi | Tel. 061/52 00 28

> www.marcopolo.de/nepal

ZIELE IN DER UMGEBUNG

BANDIPUR [120 C3]
Das auf einem Bergrücken oberhalb von Dumre gelegene kleine Newar-Städtchen ist ein echtes Juwel, geschichtsträchtig, mit viel Kultur und Archiktektur sowie wunderschönen Ausblicken und Landschaften. Bei Tageswanderungen in die Umgebung lassen sich leicht mehrere Tage verbringen. Unbedingt besucht werden sollte *Siddha Gupha (kleine Eintrittsgebühr)*, Nepals größe Höhle. *www.bandipurtourism.com*

BEGNAS-SEE [120 C3]
Begnas Tal ist mit 3,6 km² der zweitgrößte See im Pokhara-Tal und Ziel eines schönen Tagesausflugs. Am besten macht man die Tour mit dem

Die harte Feldarbeit lässt kaum einen Blick auf das beeindruckende Annapurna-Massiv zu

Fahrrad. Die Strecke ist flach und beträgt ab dem Seeufer etwa 15 km. Packen Sie Snacks und Trinkwasser ein, bevor Sie auf der großen Autostraße in Richtung Kathmandu etwa 11 km strampeln. Dort biegt links eine kerzengerade Schotterstraße ab, der Sie bis zum Ende folgen. Im Dorf Begnas Räder abstellen (oder Taxi warten lassen). Das Gewässer liegt links vom Dorf. Ein Bootsmann rudert Sie zum Ende des Sees, Sie können aber auch am Ufer entlanglaufen. Steigen Sie dann eine Viertelstunde zum Kamm *Panchbhaiya Danda* hoch und folgen Sie dem Weg nach links oben, bis Sie unter sich nicht nur zur Linken den Begnas-, sondern zur Rechten auch den Rupa-See entdecken. Letzterem wird nachgesagt, er würde dreimal täglich die Farbe wechseln. Bei klarem Wetter haben Sie herrliche Bergsicht. Hier sollten Sie picknicken, in Teashops gibt es Tee und Softdrinks. Wollen Sie zurück zum Dorf, folgen Sie dem breiten Weg. Ein ruhig und schön gelegenes Hotel ist das *Begnas Lake Resort (32 Zi. | Sundari Danda | Tel. 061/56 00 30, in Kathmandu 01/411 20 17 | Fax 411 20 62 | www.begnas.com | €€).*

DEVIN'S FALL [120 C3]

Um diesen interessanten Wasserfall rankt sich eine moderne Legende: Die Einheimischen erzählen, 1961 sei hier eine Schweizer Touristin namens Devin ertrunken, als sie in einem der natürlichen Pools badete. Der Phewa-See fließt hier als *Pardi Khola* (Fluss) ab und verschwindet in der Erde. Plötzlich habe sich der damals neue Damm geöffnet, und sie sei von den Wassermassen weggerissen worden. Der Wasserfall liegt an der Straße nach Indien, etwa eine halbe Stunde Fußweg von Pardi.

FRIEDENS-STUPA [120 C3]

Der rund 15 m hohe Vishwa Shanti Stupa, der Weltfriedens-Stupa, und ein Kloster liegen auf dem Kamm Anadu Danda in *Min Thumki* auf der anderen Seite des Phewa-Sees. Um den Bau des Stupas entbrannte ein stiller, fast zwanzigjähriger Kampf. Min Bahadur Gurung, der 1973 mit dem Bau begann, wanderte dafür sogar ins Gefängnis. Er und sein Sohn gaben den Kampf nie auf, hatten aber erst nach der Wiedereinführung der Demokratie 1990 Erfolg. 1992 wurde der neue Grundstein gelegt – nun mit dem Segen der Regierung und dem frommen Wunsch, der buddhistische Stupa möge die Toleranz und den Tourismus fördern.

Setzen Sie mit einem Boot über den See und wandern Sie dann eine

>LOW BUDGET

- Die *Banana Garden Lodge* ist ein einfaches Guesthouse mit nettem Garten und Blick auf den See. Gemeinsames Badezimmer. *5 Zi. | Khahare, Lakeside | Tel. 061/46 49 01 | www.bglodge.blogspot.com*
- Das *Yeti Guest House* punktet ebenfalls mit Budgetunterkünften und einem großen Garten. *13 Zi. | Lakeside | Tel. 061/46 24 23*
- Einfache Zimmer und eine schöne Bergsicht bietet das *Hotel Day Break & Restaurant* in Begnas Bazaar. *9 Zi. | Tel. 061/56 00 11*

halbe Stunde steil bergauf auf rund 1150 m. Auf dem Kamm nach rechts ein Stückchen in Richtung *Pungdi* (auf Karten *Pumdi*) gehen. Von Kloster und Stupa bieten sich herrliche Ausblicke. Es gibt auch einen Teashop, etwas weiter und höher das *Raniban Resort (4 Zi., Zelte | Tel. in Kathmandu 061/20 67 93 oder 53 92 13 | wird renoviert, vorher anfragen, ob geöffnet).*

Insider Tipp

Auf dem Rückweg können Sie einen Spaziergang durch den geschützten Wald der Königin *(Raniban)* machen, der beim Abstieg rechter Hand liegt, und sanft bergab zurück nach Pokhara laufen.

GORKHA [121 E4]

Wenn Sie auf der Fernstraße von Pokhara nach Kathmandu fahren, führt ungefähr auf halber Strecke eine Abzweigung in das historische Städtchen Gorkha (1100 m). Hier lebten einst die Vorfahren der heutigen Shah-Dynastie, die ursprünglich Khan hießen. Den Palast in Gorkha, der 270 m über dem Zentrum thront, ließen sie 1790 von Newar-Handwerkern aus dem Kathmandu-Tal bauen. Hier residiert die tantrische Göttin Kalika. Die Innenräume dürfen nicht betreten werden, aber der Treppenaufstieg lohnt sich wegen der großartigen Aussicht: Im Süden erstreckt sich das Trisuli-Tal, im Norden erhebt sich majestätisch das Himalaja-Gebirge.

Gorkha liegt 24 km nördlich der Fernstraße, die Kathmandu und Pokhara verbindet. Einfache Unterkünfte sind vorhanden. *Mehrmals tgl. Busverbindungen nach Kathmandu und Pokhara*

KAHUN DANDA [122 C3]

Ein wenig besuchter Aussichtsberg nordöstlich von Pokhara, der sich für eine Tageswanderung eignet. Überqueren Sie die Brücke des Seti, der sich tief unter Ihnen durch die Schlucht windet, in Mahendra Pul, und folgen Sie der Hauptstraße ein Stückchen bis zum Telecommunication Centre. Hier biegt links der Weg zum 1500 m hohen *Kahun Hill* ab, der mit einem Aussichtsturm bestückt ist. Zurück können Sie einen anderen, steileren Weg nehmen, der Sie in Richtung Westen zur Seti-Schlucht führt. Folgen Sie ihr nach Süden, bis Sie wieder auf Ihren alten Weg stoßen. *Gehzeit 5 Stunden*

MAHENDRA CAVES [120 C3]

Eine etwa zweistündige Wanderung bringt Sie zu Tropfsteinhöhlen, die nördlich von Pokhara in der Nähe des kleinen Dorfes *Batulechar* liegen. Das Dorf wird von der (niedrigen) Kaste der Gaine, Musiker, bewohnt, die Ihnen gegen „Honorar" gern etwas vorspielen. Die Kalksteinhöhle mit ihren beeindruckenden Stalaktiten und Stalagmiten, die von Einheimischen *Chamero Odaar* (Fledermaushöhle) genannt wird, liegt etwa 1 km nördlich. Sie wurde erst 1950 entdeckt und ist weitgehend unerforscht. Die Mahendra Caves sind meist beleuchtet, nehmen Sie trotzdem eine starke Taschenlampe mit, falls der Strom ausfällt.

NUWAKOT ★ [120 C3]

Ein nahezu unbekannter Ausflug führt zu der historischen Ruinenfestung Nuwakot Garhi aus dem 16. Jh. Hier regierte vor langer Zeit Fürst

POKHARA

Belohnung nach einem langen Wandertag: der Blick von Sarankot

Micha Khan I., einer der zahlreichen Urahnen des letzten Königshauses. Nuwakot liegt südlich von Pokhara auf 1535 m Höhe. Fahren Sie auf der Straße nach Indien bis *Phedi Khola,* und laufen Sie dann zwei bis drei Stunden nach Nuwakot hoch. Herrliche Bergsicht! In der Nähe von Phedi Khola liegt – 25 km von Pokhara entfernt – *Naudanda.* Hier können Sie notfalls übernachten, wenn Sie die Fahrt mit dem Bus machen. Empfehlenswerter ist es, ein Taxi zu mieten und warten zu lassen. Sie können auch von Pokhara auf einem alten Pfad 18 km nach Nuwakot wandern.

Insider Tipp

SARANKOT [120 C3]

Sarankot ist eine Ruinenfestung, die auf 1600 m Höhe über dem Pokhara-Tal thront und die besten Ausblicke verspricht. Sie sollten dafür einen langen Wandertag einplanen, können oben aber auch in einer der einfachen Lodges übernachten.

Beginnen Sie im alten Basar beim Bindhya-Basini-Tempel. Der Aufstieg dauert zwei bis vier Stunden. Zurück suchen Sie sich den direkten, steilen Abstieg zum See, den Sie nach zweieinhalb Stunden erreichen. Endpunkt ist Khahare.

TIBETISCHE FLÜCHTLINGSDÖRFER ★ [120 C3]

In vier Camps in und um Pokhara leben tibetische Flüchtlinge, die diese Lager mittlerweile in tibetische Dörfer verwandelten. Alle sind vom Tourismus abhängig und unterhalten Läden für tibetisches Kunsthandwerk und Teppiche. Das mit etwa 1000 Bewohnern größte Dorf ist *Tashi Palkhiel* nordwestlich von Pokhara in *Hyanja,* das man in Richtung Annapurna passiert. Dort gibt es sogar ein kleines Gasthaus. *Tashi Ling* entstand wie Tashi Palkhiel 1963 und liegt südlich von Pokhara an der Straße nach Indien. Ein Besuch lässt sich gut mit Devin's Fall verbinden. *Paljor Ling* („Tibetan Handicraft Centre") liegt in China Chowk, das relativ unbekannte *Jampa Ling* 23 km östlich an der Straße nach Kathmandu, in *Khotikhola.*

> AUF ELEFANTEN DURCH DIE WÄLDER STREIFEN

Im fruchtbaren Tiefland von Nepal kommen besonders Tierfreunde auf ihre Kosten

> Denkt man an Nepal, so steigen himmelhohe Berge vor dem inneren Auge auf – die lange Front des Himalaja mit den höchsten Gipfeln der Welt. Doch gibt es auch das bisher touristisch eher vernachlässigte, fruchtbare Tiefland.
Das artenreiche Paradies liegt im Süden des Landes an der Grenze zu Indien, es ist das Stromland der Gebirgsflüsse, die Kornkammer. Ein Besuch des indisch geprägten Terais mit einer wiederum völlig anderen Kultur rundet Ihren Nepalbesuch erst richtig ab.

BARDIA NAT. PARK

[0] ★ **Der Bardia National Park, das größte noch unberührte Stück Natur des Tieflands, liegt weitab vom Massentourismus im Westen des Landes.** Der Park ist längst nicht so überlaufen wie der

DAS TIEFLAND

Chitwan National Park, da er von Kathmandu viel weiter entfernt ist. Unterkünfte und Restaurants befinden sich in dem kleinen Tharu-Ort *Tharkurdwara* am Eingang des Parks. Aktivitäten wie Elefantenritte, Jeep- und Flussfahrten, Vogelbeobachtungen, Radtouren und Wanderungen durch den Park unterscheiden sich kaum von denen im Chitwan National Park. Allerdings gibt es hier eine größere Vielfalt an Tieren und Pflanzen, und man soll bessere Chancen haben, einen Tiger zu sehen. Für 500 Rs pro Tag gibt es im Ticketbüro des Headquarters eine Angelerlaubnis für die beiden Flüsse Karnali und Geruwa. Sie erreichen den Park entweder per Bus, Auto und Raft oder Flugzeug (via Nepalgunj). Auch hier ist die Buchung eines Pauschalarrangements, am besten in Kathmandu, zu empfehlen. Der Eintritt liegt bei 500 Rs.

ÜBERNACHTEN

BARDIA JUNGLE COTTAGE

In der Nähe des Parkeingangs, großer Garten, Restaurant. *12 Zi.* | *Tel. 084/42 97 14* | *Buchung in Lazimpat, Kathmandu* | *Tel. 01/442 85 52* | *www.visitnepal.com/bjc* | €

Gefährlicher, aber selten anzutreffender Herrscher des Terai: der Tiger

FOREST HIDEAWAY HOTEL & COTTAGES

Gemütliche Anlage im Tharu-Stil mit Restaurant. *13 Zi.* | *Tel. 084/42 97 16* | *Buchung in Jyatha, Kathmandu* | *Tel. 01/422 59 73* | *www.foresthideaway.com* | €€–€€€

TIGER TOPS KARNALI LODGE & TENTED CAMP

Etwa 15 km von Thakurdwara entfernt. Unterbringung in Bungalows außerhalb des Parks bzw. im Park in Zelten. *8 Zelte, 12 Zi.* | *Buchung in Gongabu, Kathmandu* | *Tel. 01/436 15 00* | *Fax 436 16 00* | *www.tigermountain.com* | €€€

CHITWAN NAT. PARK

[123 D–F 5–6] ★ **Quizfrage: Sie sehen einen Mann im Zickzack über eine Wiese rasen. Warum tut er das? Weil er von einem Nashorn verfolgt wird.** Und weil ein Rhinozeros (Rhino) nicht gut sehen, aber umso besser riechen kann, ist der Zickzackkurs ratsam. Reiten Sie also lieber auf einem Elefanten durch den Chitwan National Park: Das ist die traditionelle und sicherste Methode und obendrein hochinteressant. Jedenfalls sollten Sie nur mit einem Führer durch die Natur streifen!

Der Park ist 1431 km^2 groß und liegt 175 km südwestlich von Kathmandu im Terai. Neben den vom Aussterben bedrohten Panzernashörnern (mit einem Horn), Tigern und Leoparden leben dort 35 verschiedene Arten von Säugetieren, darunter Lippenbären, Rhesus- und Langurenaffen, Wildschweine, wilde Büffel (Gaur), Rotwild, außerdem die seltenen Gavial-Krokodile sowie Termiten, Schlangen, viele Schmetterlinge, 450 verschiedene Vogelarten und Pfauen, die hier ihre Urheimat haben. Im Narayani-Fluss tummelt sich der seltene Süßwasserdelphin. Die meisten Tiere bekommen Sie im Normalfall jedoch nicht zu Gesicht. Die beste Zeit für die Tierbeobachtung ist im Mai und Juni, dann müssen Sie aber auch feuchte Hitze und Gewitterstürme in Kauf nehmen. Im Winter ist das Klima mit 20 Grad am angenehmsten, nachts kühlt es jedoch stark ab.

Chitwan war früher ein Geheimtipp unter Großwildjägern. Daneben führte die Besiedelung des Terai in den 1950er-Jahren zu einem drastischen Rückgang von Tier und Wald. Doch einige ökologische Nischen konnten erhalten werden, darunter der Nationalpark – zum Verdruss vieler Dorfbewohner, denen wichtiger Lebensraum entzogen wurde: Der Zugang zu den Früchten des Waldes, zu Brennholz und einer bestimmten Grassorte, die sie für ihre Hausdächer brauchen, wird ihnen verwehrt, dafür dürfen Fremde, die Touristen, hinein. Zusätzlich zerstört das nun geschützte Wild die Felder. Um den Konflikt zu entschärfen, ist es den Anwohnern einmal pro Jahr erlaubt, im Park Gras zu schneiden.

Sie können das Naturreservat auf vielfältige Weise erreichen: per Flugzeug, Auto, Bus, Fahrrad oder/und Schlauchboot (Raft). Da es umständlich ist, auf eigene Faust zum Park zu gelangen, ist ein Pauschalarrangement zu empfehlen. Zusätzlich zur Anreise enthält es Elefantenritte, geführte Spaziergänge, Kanu- und Jeeptouren sowie Aufführungen von Volkstänzen. Elefantenritte für Einzeltouristen kosten ca. 1000 Rs pro Stunde. Der Parkeintritt beträgt 500 Rs.

ÜBERNACHTEN

Vor dem Eingang des Nationalparks in *Sauraha* gibt es Dutzende von preiswerten Lodges und Restaurants. Die Preise der Pauschalangebote – drei Tage, zwei Nächte – liegen etwa zwischen 250 US-$ und 1000 US-$.

GAIDA WILDLIFE CAMP

Im Park, nahe Sauraha. *33 Zi. | Buchung in Kathmandu | Tel. 01/421 54 09 | Fax 425 00 78 | www.visitnepal.com/gaida | €€€*

ISLAND JUNGLE RESORT

Auf einer Insel im Westen des Parks. *39 Zi. | Buchung: Durbar Marg, Kathmandu | Tel. 01/422 01 62 | Fax 422 56 15 | www.islandjungleresort.com | €€*

MACHAN WILDLIFE RESORT

Im Osten des Parks, Pool. *36 Zi. | Buchung: Kamaladi, Kathmandu | Tel. 01/422 50 01 | Fax 424 06 81 | www.nepalinformation.com/machan | €€€*

MARCO POLO HIGHLIGHTS

★ Chitwan Nationalpark
Per Schlauchboot und auf Elefanten durch eine fantastische Tierwelt (Seite 76)

★ Koshi Tappu Wildlife Reserve
Im wogenden Grasland liegt ein Paradies für Ornithologen (Seite 79)

★ Bardia Nationalpark
Einen wild lebenden Tiger beobachten? Hier stehen Ihre Chancen am besten (Seite 74)

★ Janakpur
Die faszinierendste Stadt des Terais: indisches Flair und die einzige Eisenbahnstrecke Nepals (Seite 78)

ROYAL PARK HOTEL
In Sauraha, deutsche Bäckerei, kleiner Pool, Garten. *34 Zi. | Tel. 056/58 00 61 | www.royalparkhotel.com.np* | €€

TIGER TOPS JUNGLE LODGE
Im Westen des Parks. Komfortable Zelte finden sich im *Tiger Tops Tented Camp. 24 Zi. und 12 Zelte | Buchung: Gongabu, Kathmandu | Tel. 01/436 15 00 | Fax 436 16 00 | www.tigermountain.com* | €€€

JANAKPUR

[0] ★ Im Südosten Nepals, unmittelbar an der indischen Grenze liegt Janakpur (93 000 Ew.), eines der wichtigsten hinduistischen Pilgerziele und vielleicht auch die faszinierendste Stadt des Terais.

>LOW BUDGET

- Ein beliebter und preisgünstiger Treffpunkt ist das dem *Chitwan Tiger Camp* angeschlossene *River Sunset Restaurant & Beer Garden* direkt am Flussufer.
- Kein Eintritt: Elefanten lassen sich in der Nähe des *Chitwan Riverside Resort (www.chitwanriverside.com)* im gleichnamigen Nationalpark beim Baden beobachten.
- Vogelliebhaber können für einen geringen Beitrag mit den Guides der *Bird Education Society (Tel. 056/ 58 01 13)* auf Erkundungstour gehen.
- Um *Sauraha* liegen viele kleine Tharu-Dörfer, die sich bei einem Spaziergang entdecken lassen und interessante Einblicke ins dörfliche Leben des Terais bieten.

Der reich verzierte *Janaki Mandir*, ein im Mogulstil gebauter Palast, ist die bedeutendste Sehenswürdigkeit der Stadt. In und um das stark indisch geprägte Janakpur – der Ort liegt nur 22 km von der Grenze zum Nachbarland entfernt – gibt es viel zu sehen. Allerdings entsprechen die Hotels, Restaurants mit indischer und nepalesischer Küche und andere Einrichtungen im Allgemeinen nicht westlichen Bedürfnissen.

Einen Besuch wert ist das *Janakpur Women's Development Center JWDC* (Insider Tipp) *(3 km südl. von Janakpur, beim Dorf Kuwa | Tel. 041/52 10 80)*. Die Künstlerkooperative wurde 1989 mithilfe internationaler Organisationen gegründet und bietet mehr als 40 Frauen die Möglichkeit, Geld zu verdienen. Neben der berühmten Maithili-Kunst (Malereien auf Papier) werden auch Keramik, Schirmdrucke und Nähereien angeboten.

Die einzige Eisenbahn Nepals verkehrt ebenfalls bei Janakpur, allerdings ist die Strecke der Schmalspurbahn nur 60 km lang – jeweils 30 km nach Nordwesten und nach Süden, zur indischen Grenze. Wer keine Angst vor Gedränge und Überfüllung hat, für den ist die Fahrt ein spannendes Abenteuer. Anreise per Auto, Bus oder Flugzeug.

ÜBERNACHTEN

HOTEL MANAKI INTERNATIONAL
Teuerstes und neuestes Hotel mit Restaurant. Da von Unstimmigkeiten berichtet wurde, sollten Sie die Rechnung sorgfältig kontrollieren! *45 Zi. | Shiv Chowk | Tel. 041/52 15 40 | Fax 52 14 96 | hotelmanaki@hotmail.com* | €€

HOTEL RAMA

Abseits, ruhig gelegen, mit gutem indischen Restaurant. *40 Zi. | Mills Area Chowk | Tel. 041/52 00 59 | €*

HOTEL WELCOME

Traditionelles Ambiente. Zimmer vorher ansehen! Gutes indisches Restaurant. *Tel. 041/52 06 46 | €*

Nicht nur wegen der vielen Rikschafahrer wirkt Janakpur sehr indisch

KOSHI TAPPU WILDLIFE RESERVE

[124 C6] ★ **Der kleinste Park im Terai gilt als wahres Paradies für Vogelbeobachter.** Das Naturschutzgebiet beherbergt die letzte Herde wilder Wasserbüffel *(arnaa)*, Rotwildarten, blaue Bullen *(nilgai)*, Wildschweine, Gavial-Krokodile, Axishirsche *(chital)*, Gangesdelphine und ist Rastgebiet für ca. 350 verschiedene Arten von Wasservögeln. Tiger und Nashörner gibt es hier jedoch nicht. Sie können den Park per Auto oder per Flugzeug *(nach Biratnagar, 55 km südöstlich)* erreichen. Die wenigen Besucher kommen oft im Rahmen einer teuren Pauschalreise. Die Eintrittsgebühr beträgt 500 Rs.

ÜBERNACHTEN

KOSHI TAPPU WILDLIFE CAMP

Komfortables Luxuscamp in der Nähe des Dorfes Prakashpur. *12 Zelte | Buchung: Kamaladi, Kathmandu | Tel. 01/422 61 30 | Fax 422 42 37 | www.koshitappu.com | €€€*

> SCHNEEGIPFEL, YAKS UND TIBETISCHE KLÖSTER

Auf den Spuren berühmter Bergsteiger: Wandern auf dem Dach der Welt

> Die Schönheit und die Anziehungskraft des Himalaja in Nepal liegt nicht nur in den gewaltigen Bergen. Vielmehr sind es auch die gastfreundlichen und herzlichen Menschen, die malerischen Dörfer, die große Vielfalt und der Reichtum an Kultur und Tradition, die die Touristen in den Schatten der Bergriesen locken.

Dennoch, am Trekking scheiden sich die Geister. Für die einen ist diese Form des Bergwanderns harte Arbeit, für die anderen das höchste Glück auf Erden. Viele Nepal-Besucher fallen in die zweite Kategorie und machen einen längeren Trek, eine Bergwanderung in großen Höhen – ein einzigartiges, unvergessliches Erlebnis. In keinem Land der Welt ist der Trekkingtourismus so gut entwickelt wie in Nepal.

In vielen Gebieten sind Sie auf Zelte, Kocher, Küchenausrüstung und Träger angewiesen, aber die meisten Touristen konzentrieren sich

Bild: Buddhistenkloster Tengpoche am Mt. Everest

IN DEN BERGEN

auf die drei „Rennstrecken“: durch die *Annapurna-Region* (nördlich und nordöstlich von Pokhara), zum *Mount Everest,* der in Nepal Sagarmatha heißt, und nach *Langtang,* nördlich von Kathmandu. Hier gibt es inzwischen viele einfache Lodges (Gasthäuser) und Restaurants bzw. Teehäuser, deshalb benötigen Sie als Grundausrüstung nicht mehr als einen Rucksack, Regenhülle, Bettbezug (für die tieferen, warmen Lagen), einen warmen Schlafsack, eine Wasserflasche, Taschenlampe und ein Vorhängeschloss, um Ihr Zimmer zu sichern, Insider Tipp dazu Trekkingführer und -karte. Sehr zu empfehlen sind Wanderstöcke, die die Gelenke entlasten. Es kann zudem nicht schaden, immer Toilettenpapier in der Tasche zu haben. Sobald man etwas höher kommt, besonders für die Abende, sollte ein Pullover oder ein warmes Schaltuch im Gepäck sein.

Ihre Kleidung sollte praktisch sein, locker und bequem sitzen und bescheiden aussehen. Sonnenbrille und -schutz einschließlich Kopfbedeckung nicht vergessen. Ihre Schuhe müssen eingelaufen sein, um Blasen zu vermeiden. Wer gesunde Füße hat und nicht umknickt, trittsicher ist und Erfahrung hat, kann bis in ca. 4000 m auf Berg- und Trekkingschuhe verwöhnen. Deshalb haben viele mit der Höhenkrankheit zu kämpfen, die manchmal auch tödlich verlaufen kann, wenn keine Gegenmaßnahmen ergriffen werden. Die können allein schon darin bestehen, in tiefere Regionen abzusteigen. Fragen Sie Ihren Veranstalter, ob er für große Höhen einen *gamow bag* dabeihat, eine aufblasbare Druckluftkammer. Wer

Das Annapurna-Gebiet ist für Trekking-Touristen leicht zu erreichen

zichten. Der Himalaja ist bis in höhere Regionen besiedelt und verfügt über ein ausgedehntes Wegenetz. Alles, was Sie für den Trek zusätzlich brauchen, z. B. eine Daunenjacke, können Sie in vielen Geschäften kaufen oder günstig leihen.

Viele Touristen nehmen sich beim Trekking nicht genügend Zeit, um ihren Körper an die dünne Luft zu gewöhnen.

ohne Veranstalter ins Gebirge geht, sollte sich vorher bei der Botschaft registrieren lassen und eine Reiseunfallversicherung mit Flugrettung vorweisen, sonst gibt es im Fall der Fälle Schwierigkeiten mit dem Rettungshubschrauber, sofern er überhaupt angefordert werden kann (private Airline oder Armeehubschrauber, da es keine Bergwacht gibt).

Auf den besagten „Rennstrecken" brauchen Sie keine Träger, aber Genusstrekker ziehen einheimische Begleiter aus vier Gründen vor: Erstens garantieren sie damit Arbeitsplätze, zweitens kennen die Träger den Weg, drittens ist es sicherer, viertens braucht man weniger oder nichts zu schleppen. Träger zu sein ist ein traditioneller und immer noch sehr notwendiger Beruf, der aber leider mit viel Ausbeutung verbunden ist, auch im Tourismus. Seien Sie ein geduldiger, stets freundlicher und bei guter Leistung großzügiger Arbeitgeber.

In Europa, aber auch vor Ort, werden komplette Trekkingreisen in alle Regionen angeboten, z. B. in Kathmandu von *Ama Dablam (Kamal Pokhari | Tel. 01/441 53 72 | Fax 441 60 29 | www.amadablamadventures.com), Aryatara Adventure (Thamel | Tel. 01/425 75 95 | Fax 425 75 34 | www.aryataraadventure.com), Asian Trekking (J. P. Road, Thamel | Tel. 01/442 42 49 | Fax 441 18 78 | www.asian-trekking.com;* schöner Tagesausflug mit tollem Bergblick zum Adventure Tented Camp & Country Kitchen in Gundu im Kathmandu-Tal*), Dharma Adventures (Tangal Marg, Kathmandu | Tel. 01/443 04 99 | www.dharmaadventures.com), Intertours Nepal (Airport Road, Sinamangal | Tel. 01/411 20 60 | Fax 411 20 62 | www.intertours-nepal.com), Nepal Eco Treks & Expedition (Lazimpat, Kathmandu | Tel. 01/442 03 08 | Fax 441 09 38 | www.nepaleco.com;* deutschsprachig*); Sherpa Adventure Travel (Lazimpat | Tel. 01/442 26 56 | Fax 442 70 67 | www.sherpaadventure.com), The Explore Nepal (Kamaladi | Tel. 01/442 61 30 | Fax 422 42 37 | www.xplorenepal.com).*

In Nepal können Trekkingtouren ganzjährig gemacht werden; von Ende Sept. bis Mitte Nov. und Mitte Feb. bis Mitte März können Sie aber in tiefe Lagen *und* große Höhen. Im Winter ist es ab 3000 m verschneit, kalt und ungemütlich (ohne Heizung), im April/Mai und Ende Sept. in tiefen Lagen bis zu 40 °C heiß und feucht. Der Monsun (Mitte Juni bis Mitte Sept.) ist wegen rutschiger Wege und abgerissener Brücken ungeeignet. Nur Lo Mantang, Oberes Dolpo und Kailash sind dann wegen geringer Niederschläge gut möglich.

Die beschriebenen Trekkingrouten sind im Reiseatlas mit Buchstaben orange markiert.

MARCO POLO HIGHLIGHTS

★ Sagarmatha Nationalpark
Am schönsten ist ein Trek in der ersten Oktoberhälfte (Seite 84)

★ Annapurna Sanctuary
Wanderabenteuer ohne besondere Ausrüstung – mit Schlafsack, Wasserflasche und Taschenlampe zum Bergheiligtum (Seite 84)

★ Mt. Kailash
Im Sommer zu Fuß von Nordwest-Nepal nach Tibet, um den heiligen Berg Kailash drei bis vier Wochen zu umrunden (Seite 86)

★ Helambu
Wo Nepal seine wilde Seite zeigt: ein schöner Trek im Winter (Seite 85)

TREKKINGROUTEN

A ANNAPURNA-REGION

Der Favorit: eine der kulturell und landschaftlich vielfältigsten Trekkingregionen. Es gibt zahlreiche Varianten und bei richtiger Einteilung keine Probleme mit der Höhe. *Jomsom* (2713 m), *Muktinath* (3750 m): 3–4 Tage bis 3 Wochen, Lodges. [119 F4]

★ *Annapurna Sanctuary (4130 m)*: 10–12 Tage, Lodges. [120 C2]

Rund um den Annapurna: über Manang, Thorong-Pass (5400 m) und Jomsom, 3–4 Wochen, Lodges. [120–121 B–D 1–3]

Tilicho-See: gute, sichere Route von Manang aus, 4 Tage, Zelt. [120 B–C1]

Lo Mantang (Mustang, 3800 m): 500 US-$ für die ersten zehn Tage, danach 50 US-$/Tag; nur als Gruppe möglich, komplette Ausrüstung notwendig. [121 F3]

B SAGARMATHA NATIONALPARK ★

Der Distrikt Solukhumbu ist nicht nur berühmt für seine Nähe zum höchsten Berg der Erde, dem Mt. Everest (8850 m), sondern auch für seine Sherpa-Dörfer und Klöster. Zu Fuß ab *Jiri* 4 Wochen, bei Flug bis *Lukla* 2 Wochen, Lodges. Vorsicht vor der Höhe: Lukla 2900 m, Namche Bazaar 3450 m, Kloster Tengpoche 4000 m (reicht als Endziel, *www.tengboche.org*), Aussichtshügel Kala Pattar 5500 m. [123–124 A–B 1–2]

Eine echte Alternative zur traditionellen Everest-Base-Camp-Route ist ein Abstecher zu den malerischen, tiefblauen *Gokyo-Seen (5500 m)*. Die Anzahl der Trekker ist auf dieser Route wesentlich geringer. Von Lukla aus etwa 12 Tage, Lodges. [124 B1–2]

Insider Tipp

C LANGTANG NATIONALPARK [124–125 C–D 1–3]

Langtang ist ein enges Tal südlich der Grenze zu Tibet. Wer sich hierher aufmacht, befindet sich nicht nur im tibetischen Kulturkreis, er reist auch in eines der wildesten, landschaftlich schönsten Gebiete Nepals mit großartigen Rhododendron- und Koniferenwäldern an den höheren Berghängen, hochalpinen Yakherden sowie beeindruckenden Gletschern und Moränen um Kyangin Gompa. Hier gibt es drei Treks, die sich auch kombinieren lassen.

> NATUR & UMWELT

Der Himalaja, die Bergsteiger und der Müll

Auch in Nepal ist es um die Umwelt nicht mehr gut bestellt: Entwaldung, Erosion, ein explodierender Autoverkehr, eine stetig schlimmer werdende Luft- und Gewässerverschmutzung. Im Gebirge trägt der Trekking- und Bergsteigertourismus seinen Teil dazu bei, besonders am Mt. Everest und in der Annapurna-Region. Allein am Everest wurden in den vergangenen Jahren rund 50 t Müll zurückgelassen. Seit 1992 müssen Bergsteigergruppen eine hohe Kaution hinterlegen, die sie erst wiederbekommen, wenn sie ihren Abfall zurückbringen. Durch diese Maßnahmen sollen auch die Nepalesen erzogen werden, die an den Missständen nicht ganz unschuldig sind.

★ *Helambu*: Tarke Gyang (2500 m), 1 Woche, Lodges. [122–123 C–D 2–3]
Langtang: Kyangjin Kloster, Käserei (3850 m), ab Dhunche 1 Woche, Lodges. [122–123 C–D 1–2]

Zwischen Helambu und Langtang liegt das *Gosainkund-Massiv* (4400 m, Pass 4600 m) mit heiligen Seen, Lodges. [122 C2]

Kangchenjunga: weit von Kathmandu sowie von Straßen und Flugplätzen entfernt an der Grenze zwischen Nepal und Sikkim. Ziele im Gletschergebiet 5000 m, Trek zum Basislager an der Nord- und/oder Südseite. Bus oder Flug nach *Taplejung*, ca. 4 Wochen, komplette Ausrüstung notwendig. [125 E–F 2–4]

Mustang ist auch heute noch das geheimnisvolle Königreich in den Bergen

D OST-NEPAL

Wenig begangen, sehr dunstig im Frühjahr, aber dann schöne Rhododendronblüte. Lange Anfahrt mit dem Bus bis *Dharan*. [125 D6] Komplette Ausrüstung notwendig.
Makalu Base Camp: Bus oder Flug nach *Tumlingtar* (400 m), *Makalu Barun National Park*: mehrere hohe Pässe, Base-Camp knapp über 5000 m, Schnee, 4 Wochen. [124 C2–4]

E WEST-NEPAL

Dolpo (Sanskrit *Dolpa*) ist das mystisch beschriebene Land aus Peter Mathiessens packendem Bericht „Auf der Spur des Schneeleoparden“. Es bietet spektakuläre Bergaussichten, authentische tibetische Kultur und Wege voller Yak- und Eselsherden. Nur als Gruppe, Flug bis *Juphal*.
Shey Phoksundo National Park: Bis in 5000 m Höhe, ca. 3 Wochen,

komplette Ausrüstung notwendig. [118–119 B–D 2–4]

Insider Tipp *Rara National Park*: Rara ist ein wunderschöner, klarer Hochgebirgssee, umgeben von Kiefern-, Fichten- und Wacholderwald sowie schneebedeckten Berggipfeln, einsam und weitab von den üblichen Touristenpfaden. Flug nach *Jumla*, Höhe bis 3500 m, 1 Woche, Zelt und komplette Ausrüstung samt Proviant notwendig. [117 D5–6]

★ *Mt. Kailash* (Zentrum des Universums oder „Nabel der Welt") und *Manasarowar-See (Tibet)*: nur als Gruppe, Flug nach *Simikot* über Yari, Nara-Pass (4580 m), Khojarnath, Taklakot (Purang), 3–4 Wochen, komplette Ausrüstung notwendig. [116 A–C 1–4]

Die Kailash-Umrundung (5630 m) entlang des Pilgerwegs von Nepal nach Tibet ist für Vertreter beider Glaubensrichtungen, Buddhisten und Hindus, eine der wichtigsten Pilgertouren – und eine der anstrengendsten. Unbedingt *vorher* an die Höhe anpassen!

In Höhen über 5000 m warten Schnee und dünne Luft auf Wanderer

AUSKUNFT

KEEP [U C1]

Das Kathmandu Environmental Education Project (KEEP) informiert kostenlos über Öko- und Trekking-Tourismus *(Jyatha, Thamel | Tel. 01/ 42 17 75 | Fax 421 67 74 | www.keepnepal.org)*. In der Nähe ist auch die International *Porter Protection Group (IPPG)* angesiedelt, die sich für die Rechte der Träger einsetzt und Kleidung für sie sammelt *(www.ippg.*

net). Das gleiche Anliegen verfolgt die Schwesterorganisation *Porters Progress (www.portersprogress.org).*

NEPAL MOUNTAINEERING ASSOCIATION [U E1]

Nationaler Alpenverein, Permits für 33 Gipfel unter 6500 m, Infos zum International Mountain Museum. *Nagpokhari, Naxal, Kathmandu | Tel. 01/443 45 25 | Fax 443 45 78 | www.nepalmountaineering.org*

MINISTRY OF CULTURE, TOURISM & CIVIL AVIATION [U D4]

Die Moutaineering Division ist zuständig für Expeditionen. *Bhrikuti Mandap, Kathmandu | Tel. 01/425 62 31 | Fax 422 72 81 | www.tourism.gov.np*

HIMALAYAN RESCUE ASSOCIATION (HRA) [122 C3]

Infos über Gefahren und die Höhenkrankheit. *Dhobichaur, Lazimpat, Kathmandu | Tel. 01/444 02 92 | Info-Center in Thamel Tel. 01/444 55 05 | www.himalayanrescue.org*

GEBÜHREN & PERMITS

Ein Trek außerhalb der Hauptregionen Annapurna, Everest, Langtang und Helambu ist nur Gruppen mit Trekking-Permit erlaubt: Lower Dolpo, Kanchenjunga 10 US-$/Woche, Manaslu 50–75 US-$/Woche, danach 7 US-$/Tag. Humla (Richtung Kailash) 50 US-$ für sieben Tage, danach 7 US-$/Tag. Upper Dolpo, Upper Mustang für die ersten zehn Tage 500 US-$, danach 50 US-$/Tag. Erhältlich im *Immigration Office* in Kathmandu oder Pokhara (S. 104, Pass und 2 Passfotos mitbringen). Bei organisierten Treks kümmert sich die Agentur um das Permit. Zusätzliche Kosten: Eintritt für Nationalparks und Schutzgebiete. Dolpo, Sagarmatha, Langtang, Makalu, Rara, Kanchenjunga je 1000 Rs, Manaslu und Annapurna (unterwegs nur gegen die doppelte Gebühr erhältlich) je 2000 Rs. Die Permits gibt es im ACAP-Büro *(tgl. 9–16 Uhr)* und im National Park & Wildlife Conservation Büro *(So–Fr 9–14 Uhr).* Beide befinden sich im *Nepal Tourism Board NTB (Bhrikuti Mandap, Kathmandu | Tel. 01/425 69 09),* ein ACAP-Büro gibt es auch in Pokhara *(Lakeside, nahe Grindlays Bank).*

Alle Trekker – ob auf eigene Faust oder mit einer Agentur unterwegs – müssen ein gültiges *TIMS-Certificate (Trekkers' Information Management System, www.timsnepal.com)* vorweisen, das kostenlos von den TIMS-Stellen des NTB (s. o.) und der *Trekking Agents Association of Nepal (TAAN | Maligaon | Tel. 01/444 09 20),* ausgestellt wird. Für die Ausstellung des TIMS-Certificates benötigen Sie eine Passkopie und zwei Passbilder.

>LOW BUDGET

- Analog zu den Höhenmetern steigen die Preise, das gilt auch fürs Essen. Decken Sie sich deshalb schon im Tal mit ausreichend Snacks, z. B. Müsliriegeln, ein.
- Generell ist Trekken im Annapurna-Gebiet günstiger als im Everest-Gebiet. In Ersterem wie auch im Sagarmatha National Park gelten für die Unterkünfte Festpreise.

> DIE SCHÖNSTEN BLICKE AUF DEN HIMALAJA

Nepal in allen Facetten: von Bergdörfern über den Geburtsort Buddhas ins fruchtbare Tiefland

Die Touren sind auf dem hinteren Umschlag und im Reiseatlas grün markiert

1 LOGENPLATZ MIT SIEBENTAUSENDERBLICK

Dank einer Straße liegt der Gurung-Ort Ghandruk (2000 m) heute nur noch eine Tageswanderung von Pokhara (800 m) entfernt. Wenn Sie keine Lust auf oder keine Zeit für einen Trek haben, sei Ihnen dieser Ausflug mit dem Bus wärmstens empfohlen. In Ghandruk gibt es einfache, aber schöne Lodges, in denen Sie übernachten oder gleich ein paar Tage Urlaub anhängen können. Das hübsche Bergdorf bietet grandiose Blicke auf den Himalaja. Als Minimum sollten Sie drei Tage einkalkulieren (Anfahrt Pokhara–Birethanti: 42 km; Wanderung Birethanti–Ghandruk: ca. 10 km).

Am besten eignet sich die Zeit von Mitte Sept. bis Ende Nov. und Mitte Feb. bis Ende Mai. Besondere Ausrüstung brauchen Sie keine, lediglich gutes Schuhwerk, Schlafsack, im Frühjahr Regenschutz, Wasserfla-

Bild: Himalaja-Massiv

AUSFLÜGE & TOUREN

sche, Wanderstock, Toilettenpapier und Taschenlampe. Der Weg ist bequem und bis auf ein Teilstück nicht sehr steil. Rechnen Sie mit einem guten halben Tag für den Hinweg, zurück geht es schneller. In Pokhara oder in Kathmandu vor Antritt der Tour bei den **ACAP-Büros** *(S. 87)* ein Ticket *(entry fee)* für Nationalparks besorgen. Dafür benötigen Sie Ihren Pass und zwei Passbilder. Diese Art Kurtaxe für das Annapurna-Schutzgebiet kostet 2000 Rs. Nehmen Sie in **Pokhara** *(S. 64)* früh am Morgen einen Bus vom Baglung Bus Park oberhalb des Old Bazaar (nicht vom Busbahnhof in Prithvi Chowk!), der zwei Stunden braucht. Oder gönnen Sie sich ein schnelleres Taxi bis nach **Birethanti**, das 42 km entfernt auf 1050 m Höhe liegt. Der Fahrer lässt Sie an der richtigen Stelle heraus.

Nun beginnt Ihre Wanderung rechts unterhalb der Straße, deren

Staub und Lärm Sie nach wenigen Minuten vergessen haben. Eine Viertelstunde später können Sie in Birethanti Rast machen. Der romantisch anmutende Ort liegt direkt am Fluss *jaane baato kun ho?“)* und wandern Sie zunächst etwa die Hälfte der Strecke im Tal des Modi Khola entlang. Der ebene Weg führt durch kleine Ansiedlungen, Felder und Wiesen.

Verzauberter Urwald in der Umgebung von Ghorepani

Modi Khola, dem Sie nach der Frühstückspause ein gutes Stück folgen werden. Sie können aber auch gleich einen Tag hier bleiben (oder für den Rückweg einplanen) und als Ausflug eine Stunde dem historischen Karawanenweg in Richtung **Jomsom** folgen. Sollte es sehr heiß sein, lädt dort der **Bhurungdi Khola** zum Baden ein. In Birethanti leben etwa 1700 Gurung und Thakalis. Es gibt ein großes Angebot an Lodges. Suchen Sie sich eine an der „Flusspromenade“, oder lassen Sie sich den Weg nach **Ghandruk** (ca. 10 km) zeigen *(„Ghandruk*

Unterhalb der Ortschaft **Kimche** geht es nach einer Brücke (ca. 1200 m) zu Ihrer Rechten links zunächst direkt hinauf auf 1650 m Höhe, anschließend – teilweise durch Wald – langsam weiter bergauf bis **Ghandruk**. In dem großen Bergdorf leben rund 3000 Gurungs. Es gibt etwa 30 Lodges, die vor allem am Anfang, am Ende und oberhalb des Ortes zu finden sind. Sehr schön ist die *Milan („Harmonie“) Lodge*, auf die Sie gleich zu Beginn stoßen. Der überaus liebenswerte Inhaber, der pensionierte Lehrer Shankerman Gurung,

Insider Tip

gehört mit seiner Familie zu den Pionieren des Tourismus in Ghandruk. Wie es in den 1970ern üblich war, ließ er sich von durchkommenden Trekkern und später von Sherpas die Wünsche der Touristen erklären, wusste aber lange Zeit nicht, dass sie wegen der Berge kamen. Er gab ihnen einfaches Essen sowie eine Matratze, für die sie freiwillig eine Kleinigkeit zahlten. Heute blickt Shankerman voll Stolz auf sein Hotel mit den 14 einfachen, preiswerten Zimmern zum Einheitspreis der Region von rund zwei Euro. Am schönsten ist die sonnige, blumengeschmückte Terrasse mit großartigem Blick auf das Annapurna-Massiv, auf die Gipfel des **Annapurna Süd** (7219 m), des **Hiunchuli** (6441 m) und des **Machhapuchhare** (6993 m). Aber auch von den Lodges oberhalb des Ortes gibt es fantastische Ausblicke. Einmal oben, empfiehlt sich ein mehrstündiger Spaziergang auf dem Weg nach **Ghorepani** (ausgeschildert). Der Urwald ist atemberaubend. Wer Glück hat, entdeckt herumtobende Langurenaffen, und wer Ende März, Anfang April unterwegs ist, erlebt eine Insider Tipp überwältigende Rhododendronblüte. Einige wenige Lodges am Wegrand laden zu Tee oder Kaffee ein.

Von Ghandruk aus können Sie auf vielen verschiedenen Wegen weiter- oder zurückwandern. Sie sind jedoch alle mit langen Ab- und Aufstiegen verbunden. Die meisten der rund 10 000 Trekker, die jährlich durchziehen, hatten oder haben das **Annapurna Sanctuary** (Heiligtum, *S. 84*) als Ziel, das noch einige Tage entfernt ist.

Die bequemste Strecke nach Birethanti ist der Weg, auf dem Sie gekommen sind. Er bietet beim Abstieg ganz andere Perspektiven, wird also keinesfalls langweilig. Sie können bis etwa zwei Stunden vor der Dunkelheit noch Fahrzeuge zurück nach Pokhara bekommen. Oder Sie übernachten in Birethanti.

Von Pokhara aus können Sie noch andere schöne Minitreks unternehmen. Die 72 km lange Straße von Pokhara nach **Baglung** z. B. berührt **Suikhet, Naudanda** (Nagdanda), **Lumle** und liegt in der Nähe von Chandrakot und Birethanti **[120 B–C3]**. Oder besuchen Sie die Gurung-Dörfer **Lhachok** und **Ghachok-Mirsa** (1500 m, 3 Tage, mit Zelt) **[120 C2–3]** oder **Siklis** (2000 m, 3–4 Tage, mit Zelt) **[120 C2]**. Großartig ist auch ein Ausflug nach ★ **Panchase Lekh**, auf einem Höhenrücken (1300–2000 m) am Phewa-See gelegen. Diese Wanderung beschert Ihnen fabelhafte Bergsichten (4–5 Tage, mit Zelt) **[120 B3]**.

2 BUDDHA, BERGE UND ELEFANTEN

TAXI

Rundreisen haben in Nepal keine Tradition, sind jedoch abseits der Touristenrouten sehr verlockend. Diese sechstägige Tour führt von Pokhara über das hübsche Bergstädtchen Tansen nach Süden zur Geburtsstätte Buddhas, nach Lumbini. Von dort steuern Sie in Richtung Westen den Chitwan Nationalpark an, wo Sie auf Elefanten reiten können. Auf dem (Rück-) Weg nach Kathmandu kehren Sie in einem Berghotel in Daman ein, wo Sie den schönsten Himalaja-Blick Nepals genießen. Unterwegs erleben Sie eine abwechslungsreiche Landschaft. Natürlich kann die Fahrt auch in umgekehrter Richtung

unternommen werden. Am besten eignet sich die Zeit von Okt. bis März. Sonst ist es „unten" vielen Besuchern zu heiß.

Eine angenehme Rundreise in Nepal erfordert ein etwas größeres Budget. Die schlechten und unsicheren, wenngleich sehr preiswerten Busse, die meistens gefährlich schnell gefahren werden, sind nicht empfehlenswert. Außerdem verwehren kleine Fenster eine gute Sicht.

Für diese Tour sollte man daher ein Taxi oder Privattaxi (ohne Taxameter) mieten, ganz oder auf Teilstrecken, und einen Pauschalpreis aushandeln. Das kostet je nach Verhandlungsgeschick und Qualität des Wagens zwischen 50 und 70 US-$ pro Tag, einschließlich Benzin und Spesen des Fahrers. Drei Leute können bequem darin sitzen, in größeren auch vier. Fahren Sie vor Vertragsabschluss einmal um den Block!

Der kurvenreiche **Siddartha-Highway** von Pokhara nach Süden ist zeitweise in sehr schlechtem Zustand. Er erreicht nach rund 100 km **Tansen** (1400 m, *www.tansenpalpa.net*), ein vom Tourismus noch kaum entdecktes Newar-Städtchen. Das Leben pulsiert in den engen Gassen, durch die Sie ausgiebig bummeln. Sehenswert sind u.a. das alte Stadttor, der Narayan-Tempel und ein Ranamjeshwari-Tempel. Der Ort ist außerdem bekannt für seine handgefertigten Messingwaren *(karuwa)* und traditionellen Dhaka-Webereien.

GetUp Palpa (Group for Environmental & Tourism Upgrading Palpa) hat in der Nähe des Restaurants Nanglo eine **Touristeninformation** *(tgl. 13–17 Uhr | Tel. 075/52 13 41 | getup @ntc.net.np)* eingerichtet, die Informationen rund um Tansen bietet: Trekkingbroschüren für die Umgebung, einen geführten Stadtrundgang sowie Hotelempfehlungen. Im recht ordentlichen **Hotel Srinagar** *(23 Zi. | Tel. 075/52 00 45 | €€)* steigen Sie ab. Es liegt weit oberhalb der Stadt und bietet herrliche Bergsichten. Auch nett ist das **Hotel Whitelake** *(17 Zi. | Tel 075/52 02 91 | €)*.

★ **Lumbini**, den Geburtsort Lord Buddhas, erreichen Sie nach weiteren 100 km. Vorher passieren Sie **Butwal** (100 m), wo das Terai-Tiefland beginnt. Hier liegt die Grenzstadt **Bhairahawa** (sprich ´Bhairawa), die offiziell Siddharthanagar heißt. Sie können in Bhairahawa im **Hotel Nirvana** *(40 Zi. | Tel. 071/52 08 37 | €€)* übernachten oder noch 18 km weiter bis Lumbini fahren. Erwarten Sie vom „Bethlehem der Buddhisten" – noch – nicht zu viel. Seit den 1970er-Jahren kursieren und verschwinden Entwicklungspläne und Millionenbeträge. 1998 setzte die Unesco Lumbini auf die Liste des Weltkulturerbes. Bewundern können Sie die **Klöster**, den **Heiligen Garten**, in dem Siddhartha Gautama, der spätere Buddha, im 6. Jh. v. Chr. geboren wurde, den **Maya-Devi-Tempel** zu Ehren seiner Mutter und eine **Säule**, die Kaiser Ashoka 249 v. Chr. errichten ließ. Außerdem sollten Sie einen Blick ins **Lumbini Museum** *(Mi–Mo 10–17 Uhr | hinter dem Maya-Devi-Tempel | Eintritt 50 Rs | Tel. 071/58 03 18)* und das **Lumbini International Research Institute** *(So–Do 10–13.30 u. 14–17 Uhr | gegenüber Lumbini Museum | Tel. 071/580175 | www.lumbiniresearch.com)* werfen, wo über Buddhismus und Religion geforscht wird.

In Lumbini gibt es Pilgerunterkünfte in Klöstern. Nahe dem Heiligen Garten liegen das empfehlenswerte **Lumbini Buddha Hotel** *(14 Zi. | Tel. 071/58 01 14 | in Kathmandu Tel. 01/442 36 18 | €–€€)* mit Garten und Restaurant und das **Hotel Lumbini Garden New Crystal** *(36 Zi. | Tel. 071/58 01 45 | in Kathmandu Tel. 01/422 80 28 | www.newcrystalhotels.com | €€–€€€)*. Nett und preisgünstig: **Lumbini Village Lodge** *(16 Zi. | Tel. 071/58 04 32 | €)*.

Nach **Chitwan** sind es nun noch etwa 150 km, vorbei an Getreide- und Gemüsefeldern. Der Wald ist weitgehend verschwunden – außer im **Chitwan National Park** *(S. 76)*, den Sie bei **Pardi Bazaar** erreichen. Dort holt Sie ein Geländewagen des Hotels in **Sauraha** *(S. 77)* ab, das Sie im Voraus buchen sollten. Empfehlenswert ist das deutsch-nepalesische **Royal Park Hotel** *(S. 78)*, das sehr schön am Rapti-Fluss liegt und Ihnen z. B. eine Übernachtung in einem Tharu-Dorf oder auf einem Hochsitz (Machan) ermöglicht. Rechnen Sie mit 60 US-$ pro Tag samt Programm. Höhepunkt ist ein Elefantenritt.

Bis nach **Daman** (2500 m, *S. 45*) sind es keine 100 km. Ab **Hetauda** führt der landschaftlich sehr attraktive **Tribhuvan Highway** kurvenreich nach Norden. Der Ausblick von Daman auf den Himalaja lässt jede Anstrengung vergessen. Er reicht bei gutem Wetter vom **Dhaulagiri** im Westen bis zum **Mount Everest** im Osten. Starke Fernrohre eines Aussichtsturms holen die Gipfel nah heran.

Bevor Sie die 80 km nach **Kathmandu** *(S. 30)* in Angriff nehmen, genießen Sie noch einmal klare Bergluft im **Everest Panorama Resort** *(S. 45)*.

Kornkammer und Weideland: gut behüteter Bauer im Terai

EIN TAG IN KATHMANDU

Action pur und einmalige Erlebnisse.
Gehen Sie auf Tour mit unserem Szene-Scout

BERGFLUG

6:30

Den höchsten Berg der Welt ganz nah erleben. Der einstündige Rundflug entlang des Himalayas ist nicht nur für Bergfreaks ein Highlight! Das Licht in den frühen Morgenstunden taucht die weißen Schneegipfel in ein sanftes Rosa! **WO?** *Buddha Air, Jawalakhel, Lalitpur | Reservierung unter Tel. 01/554 24 94 oder über Verkaufsbüro in Hattisar | Tel. 01/443 70 25 | Kosten: ca. 130 Euro | www.buddhaair.com*

9:00

FRÜHSTÜCK

Nun ist Zeit für eine ordentliche Stärkung, am besten bei *Mike's Breakfast*. Die Auswahl an herzhaften Snacks ist groß. In den lauschigen Garten setzen und z. B. einen Burrito genießen. **WO?** *Naxal | Tel. 01/442 43 03 | www.mikesbreakfast.com*

PRIVATMUSEUM

10:00

Beim Besuch des Museums *Akhaachen* in Thimi in die Tradition Nepals eintauchen. Das Privatmuseum gehört einem Künstler, der seine Sammlung an Masken, Musikinstrumenten und Volkstrachten gerne zeigt. **WO?** *Buchung über Aryatara Adventure P. Ltd., Chaksibari, J. P. Road, Thamel | Tel. 01/425 75 95 | www.aryataraadventure.com*

13:00

GUTEN APPETIT

Lunchen, und das umgeben von der Architektur aus der Rana-Zeit. Das Mittagessen im Gartenrestaurant *Chez Caroline* verspricht, eine Gourmetsternstunde zu werden. **WO?** *Baber Mahal Revisited | Tel. 01/426 30 70*

RHYTHMUS IM BLUT

15:00

Bei der Tanzschnupperstunde in der *Salsa Dance Academy* führen Trainer in die Grundbewegungen des Salsas ein. Hüften kreisen lassen und dem Rhythmus folgen. **WO?** *Bhatbhateni (über dem Roadhouse Café) | Buchung unter Tel. 01/442 05 64 | Kosten: ca. 12 Euro | www.salsanepal.com*

24 h

SNACK-TIME: MOMOS

16:30

Muss man probiert haben: Momos – Nepals beliebtester Snack zu jeder Gelegenheit. Die tibetischen Ravioli mit Fleischfüllung schmecken im *Nanglo Café & Pub* besonders gut, und die Terrasse des Lokals ist ein beliebter Treffpunkt. **WO?** *Durbar Marg | Tel. 01/422 26 36 | www.nanglos.com*

18:00

YOGA

Einatmen, ausatmen und den Körper dehnen und strecken. Beim Yoga finden Übende das innere Gleichgewicht und kommen zur Ruhe. Bei einer Yogastunde unterrichtet der Lehrer die traditionelle Atemtechnik Pranayam und zeigt verschiedene Asanas (Haltungen). **WO?** *Kamma Healing Center, Baber Mahal Revisited | Buchung unter Tel. 01/425 66 18 | Kosten: ca. 7 Euro.*

DINNER IM GARDEN OF DREAMS

20:00

Zur Abendstunde wird es romantisch, denn die illuminierte Gartenanlage des alten Ranapalastes sorgt für die richtige Stimmung. Das ausgezeichnete Essen im *Kaiser Café* wird in dieser Umgebung zur Nebensache. **WO?** *Restaurant & Bar im Garden of Dreams, Keshar Mahal, Thamel | Tel. 01/442 53 40 | Eintritt: 1,50 Euro | www.dwarikasgroup.com*

22:00

BARSTOPP IN THAMEL

Nach dem Abstecher ins traditionelle Gartenrestaurant kann etwas Moderne nicht schaden. Idealer Ort, um den Tag bei einem Cocktail und Livemusik ausklingen zu lassen: die *Tamas Spa Lounge*. Die Bar mit weißen Baldachinen, die von der Decke hängen, weißen Loungeecken und Bambuselementen zählt zu den neuen In-Lokalen. **WO?** *Chaksibari, Thamel | Tel. 01/425 76 58*

> IM WASSER, AM BERG UND IM FREIEN FALL

Ob Bungee-Jumping oder Yoga: Nepals Angebote für Urlauber sind so vielfältig wie das Land

> Nicht nur beim Trekking und Bergsteigen kommen Sportfans und Abenteuersuchende in Nepal auf ihre Kosten, sondern auch bei Wildwasserfahrten, Bungee-Jumping, Kajakfahrten, Paragliding oder Touren mit dem Mountainbike.

Wenn Sie Ihren Urlaub ruhiger gestalten möchten, sind ein Meditationskurs und Yoga das Richtige, um zu entspannen. Die größeren Hotels in Kathmandu verfügen alle über einen Fitnessbereich und Schwimmbad. Allein das Kathmandu-Tal bietet viele Möglichkeiten für Tagesausflüge und leichte Kurztreks inkl. Naturbeobachtungen. Das größte Freizeitangebot finden Sie in Pokhara.

BERGFLUG

Für Reisende, die aus Zeit- und/oder Konditionsmangel keine Trekkingtour unternehmen können, ersetzt ein Bergflug von Kathmandu aus diese unglaubliche Erfahrung. Der einstün-

Bild: Hängebrücke über den Kali Gandaki

SPORT & AKTIVITÄTEN

dige Flug bringt Sie in Kameranähe der höchsten Berge der Welt. Mehrere Fluggesellschaften bieten Bergflüge zum einheitlichen Preis von 166 US-$ an. *Buddha Air | Tel. 01/552 10 15 | www.buddhaair.com; Yeti Airlines | Tel. 01/446 54 95 | www.yetiairlines.com*

BUNGEE-JUMPING

Insider Tipp

Der ultimative Kick eines Bungee-Jumps kann auch in Nepal erlebt werden – vor einer einzigartigen Kulisse: 160 m über dem reißenden *Bhote-Koshi-Fluss* in der Nähe der nepalesisch-tibetischen Grenze (dreistündige Busfahrt von Kathmandu). Es gibt nur eine Agentur: *The Last Resort | Thamel, Kathmandu | Tel. 01/443 95 01 | www.thelastresort.com.np*. Der Sprung inklusive Transfers und Mittagessen kostet 85 US-$, ein Video davon ca. 24 US-$ einschließlich T-Shirt.

CANYONING

Das abenteuerliche Durchwandern von Schluchten, bei dem man sich abseilen, schwimmen oder in den Fluss springen muss, bieten *Borderland Resorts (Lazimpat, Kathmandu | Tel. 01/442 58 36 | www.borderlandresorts.com)* und *The Last Resort (Thamel, Kathmandu | Tel. 01/443 95 01 | www.thelastresort.com.np)*.

Auch passionierte Golfer kommen in Nepal auf ihre Kosten

GOLF

In Nepal können Sie auf fünf Plätzen Golf spielen. Die Anlage des *Royal Nepal Golf Club (Tel. 01/447 28 36 u. 449 42 47)* passieren Sie, wenn Sie vom Flughafen in die Stadt fahren. Das *Gokarna Forest Resort (Gokarna | Tel. 01/445 04 44 | www.gokarna.com)* hat nicht nur einen schönen Golfplatz, sondern auch ein Spa. In *Pokhara* können Sie auf dem Neun-Loch-Platz des *Fulbari Resort Hotels (The Yeti's Golf Course | Tel. 061/43 24 51 | www.fulbari.com)* spielen oder auf dem *Himalaya Golf Course (Tel. 061/52 18 82 | www.himalayangolfcourse.com)*.

GO-KART-BAHN

Kathmandu hat eine Gokart-Bahn namens *Tiger Karts*. Informationen bei *Tiger Mountain, Gongabu | Tel. 01/436 15 00 | www.tigerkarts.com.np*

KLETTERWAND

Für Indoor-Kletterfreunde: Im *Pasang Lhamu Sports Climbing Center (Maharajgunj, gegenüber Shankha Park, Kathmandu | Tel. 01/437 07 42 | Tagesgebühr 350 Rs, Ausrüstung ca. 100 Rs | www.pasanglhamu.org)* steht eine Kletterwand. Eine Outdoor-Felskletterwand findet sich im *Shreeban Rock Climbing Nature Camp*, hier sind auch Übernachtungen möglich *(10–15 Zi., 5 Zelte | Dhading | Tel. in Kathmandu 01/425 84 27 | www.shreeban.com.np | €)*.

MEDITATION

Sie suchen Ruhe und möchten Abstand vom Alltagsstress gewinnen? Wie wär's da mit einem Meditationskurs oder mit Yogastunden? Kurse bieten das *Nepal Vipassna Centre (Budhanilkantha, Anmeldung im Kontaktbüro in Kantipath, Kath-*

mandu | Tel. 01/425 05 81 | Fax 422 47 20 | nvc@htp.com.np; Kurse werden über Spenden finanziert) und das *Kopan Monastery (Kopan | Tel. 01/448 12 68 | www.kopanmonastery.com | S. 54)* an. Achten Sie auch auf Angebote unter den Aushängen in Hotels und Restaurants.

MOUNTAINBIKING

Insider Tipp

Mit dem Mountainbike lassen sich Orte erreichen, zu denen man mit herkömmlichen Fahrzeugen nicht gelangt. Im Laufe der letzten Jahre hat dieser Sport in Nepal an Popularität gewonnen. Aktuelle Streckeninformationen bekommen Sie in den Fahrradgeschäften vor Ort, wo Sie auch Räder leihen bzw. reparieren lassen können. Auch organisierte Touren sind buchbar. Veranstalter sind unter anderem *Himalayan Mountain Bikes (HMB, Thamel | Tel. 01/421 28 60 | www.bikeasia.info)* oder *Dawn Till Dusk (Thamel | Tel 01/470 02 86 | www.nepalbiking.com)*.

PARAGLIDING

Drachenfliegen kann im Land der Götterberge ein einmaliges Erlebnis sein. Es gibt zahlreiche Angebote für Paragliding-Enthusiasten und auch für jene, die den Sport zum ersten Mal ausprobieren möchten. Mehrtägige Einführungskurse für Anfänger sind ebenso buchbar wie Tandemflüge für weniger Erfahrene oder Mutige. Abflugpunkt ist der Aussichtspunkt *Sarankot* (1520 m) bei Pokhara. Mit *Blue Sky Paragliding Nepal (Lakeside, Pokhara | Tel. 061/46 37 47 | www.paragliding-nepal.com)* oder *Sunrise Paragliding (Lakside, Pokhara | Tel. 061/46 31 74 | www.sunrise-paragliding.com)* können Sie abheben.

RAFTING & KAJAKFAHRTEN

Weniger bekannt als Trekking sind die Angebote von Flussfahrten mit großen Schlauchbooten (Rafts) oder mit Kajaks. Während Letztere bei Wildwasserfreunden beliebt sind, die vor allem Stromschnellen und schwierige Passagen suchen, erleben „normale" Touristen eine ähnliche Freude auf ruhigerem Wasser, wenn sie lautlos durch die Landschaft paddeln. Auch hier sorgen Stromschnellen für Abwechslung. Das Wasser ist meistens warm, übernachtet wird an schönen Sandstränden in Zelten. Von Kathmandu aus ist das z. B. auf dem *Sun Koshi* möglich. Hauptsaison ist Mitte Okt. bis Ende Nov., wenn die Flüsse zahmer geworden sind. *Equator Expeditions (Thamel | Tel. 01/435 41 69 | www.equatorexpeditions.com)*, *Himalayan Encounters (Thamel | Tel. 01/470 04 26 | www.himalayanencounters.com)* oder *Ultimate Descents (Thamel | 01/470 12 95 | www.udnepal.com)* entführen Abenteuerlustige aufs nasse Element.

Insider Tipp

ULTRALEICHTFLUGZEUGE

Zu Rundflügen können Sie von Anfang Sept. bis Juni vom Flughafen in Pokhara abheben. Das Pokhara-Tal eignet sich für die luftigen Exkursionen wegen der Bergnähe und den malerischen Seen. Der *Avia Club Nepal Pvt. Ltd. (Mustang Chowk, Pokhara | Tel. 061/46 21 92 | 15 Min. 75 US-$, 30 Min. 120 US-$, 60 Min. 230 US-$ | www.aviaclubnepal.com)* bietet drei verschiedene Routen.

FREMDE MÄRCHENWELT

Trubelige Städte, fremde Kulturen und die faszinierende Tierwelt lassen Kinder zu Forschungsreisenden werden

> Nepalesen sind nicht nur besonders gastfreundlich, sondern auch wahre Kindernarren. Bei Reisen mit Kindern sollten Sie jedoch die mitunter unzulänglichen sanitären Einrichtungen, Straßenhunde, den dichten Verkehr, die Luftverschmutzung und die hohe Sonneneinstrahlung berücksichtigen. In den engen mit Menschen und Motorrädern gefüllten Gassen der Städte ist ein Tragerucksack für Babys und Kleinkinder geeigneter als ein Kinderwagen.

KATHMANDU

Für Kinder ist Kathmandus quirlige Altstadt wie ein großer Irrgarten mit vielen winkeligen Gassen, Tempelplätzen und versteckten Hinterhöfen, in denen es viel zu entdecken gibt. Auch unzählige Geschichten wie die über die lebende Mädchengöttin *Kumari (S. 34)* oder den *Zahnschmerz-Schrein* im *Basar*, wo jeder ins Holz geschlagene Nagel Zahnschmerzen heilen soll, entführen den Nachwuchs in eine fremde Märchenwelt.

Kleine Tierfreunde kommen bei einem Besuch des *Stupa in Swayambhunath (S. 37)*, der wegen der hohen Affenbevölkerung auch Affentempel genannt wird, auf ihre Kosten. Die quirligen Tierchen lassen sich dort wunderbar beobachten. Da sie jedoch auch aggressiv sein können, sollte man ihnen nicht zu nahe kommen und in ihrer Gegenwart auf keinen Fall essen, sondern Nahrungsmittel in einer geschlossenen Tasche verstaut lassen!

RAFTING AUF DEM TRISULI [122 B2]

Für alle, die schwimmen können, ist ein ein- bis dreitägiger Raftingtrip auf dem Fluss Trisuli eine tolle Sache. Einige leichte Stromschnellen und ein Picknick in einer Sandbucht versprechen Spaß und Abwechslung. Kosten: ca 30 US-$ bei *Net Vision (Tel. 01/424 71 21 | www.netvisiontravel.com), Marvel Treks and Expedition | Tel. 01/441 61 36 u. 442 25 04 | www.marveltreks.com)* oder *Himalayan River Fun (Tel. 01/ 444 46 18 u. 444 35 33).*

> MIT KINDERN UNTERWEGS

KATHMANDU-TAL

PATAN-ZOO [122 C3]

In Patan (Jawalakhel) befindet sich Nepals einziger Zoo. Hier gibt es Tiere aus den verschiedenen Regionen Nepals zu sehen, wie z. B. Bären, Nashörner, Tiger, Hirsche, verschiedene Vogelarten. *Tgl. 10–17 Uhr | Eintritt Erwachsene 150 Rs, Kinder 100 Rs*

THE PEACOCK SHOP [122 C3]

Hier gibt es nicht nur eine große Auswahl an schönem Lokta-Papier, sondern interessierte Besucher erfahren bei einer Werkstattbesichtigung auch, wie es hergestellt wird. *Am Dattatraya Square (nahe dem Peacock Window) | Bhaktapur*

POKHARA

Kinder haben in Pokhara Freude am Bootfahren auf dem *Phewa-See (S. 68)* und bei Ausflügen mit Ponys im Tal (im Hotel nachfragen). Schwimmen kann man in verschiedenen Hotels *(gegen Gebühr z. B. im Hotel Barahi, Lakeside).*

CHAMERO ODAAR [120 C3]

Ein Besuch der dunklen Fledermaushöhle, auch Chameri Gufa oder Bat Cave genannt, ist eine spannende Exkursion für Abenteuerlustige. Taschenlampen können gegen eine kleine Gebühr ausgeliehen werden. *Auf dem Weg zu den Mahendra Caves*

DAS TIEFLAND

Kinder bereitet es ein Riesenvergnügen, den *Chitwan Nationalpark (S. 76)* auf einem Elefanten zu erkunden. Mittags ist es auf Nachfrage möglich, beim Waschen der Dickhäuter zu helfen. Insider Tipp Sehenswert ist – im Rahmen einer organisierten Tour – die Aufzuchtstation mit den Elefantenbabys.

IN DEN BERGEN

Auch mit Kindern lassen sich (leichte) Trekkingtouren unternehmen, die Sie nach ausführlicher Beratung über eine Agentur buchen sollten. Kleinkinder können von Trägern problemlos in *dokos* (Weidenkörben) getragen werden.

> VON ANREISE BIS ZOLL

Urlaub von Anfang bis Ende: die wichtigsten Adressen und Informationen für Ihre Nepalreise

ANREISE

Qatar Airways und Etihad Airways starten ab München und Frankfurt, Gulf Air ab Frankfurt. Nach Nepal fliegen außerdem u. a. Air Arabia via Sharjah, Air China via Lhasa oder Chengdu, Biman Bangladesh via Dhaka, Pakistan International Airlines via Karachi, Singapur und Thai Airways via Bangkok. Bei diesen Verbindungen ist Umsteigen nötig. Die Preise bewegen sich je nach Saison zwischen 600 und 1200 Euro in der Touristenklasse.

Von Westen kommend sollten Sie versuchen, links zu sitzen, um die Himalaja-Kette besser sehen zu können, von Osten kommend rechts. Der absolute Traumflug – bei klarer Sicht – ist die Strecke zwischen Lhasa und Kathmandu, einmal quer über den Himalaja!

Vor der Visaerteilung können Sie zollfrei einkaufen und Geld wechseln. Beim Gepäckband, wo auch der Zoll liegt, gibt es kostenlose Trolleys. Träger erwarten fünf Rupien pro Gepäckstück. In der Ankunftshalle finden Sie das Tourist Office, hier können Sie sich ein Hotelzimmer buchen lassen sowie eine Taxifahrt zum Hotel zu festen Preisen.

AUSKUNFT

Außerhalb Nepals gibt es keine staatlichen Informationsbüros.

PRAKTISCHE HINWEISE

AUSWÄRTIGES AMT
Sicherheits- und Reisehinweise: *www.auswaertiges-amt.de*

DEUTSCHER ENTWICKLUNGSDIENST (DED)
Neer Bhawan, Sanepa, Patan | Tel. 01/552 68 85 | Fax 553 74 54 | www.nepal.ded.de

DEUTSCH-NEPALISCHE GESELLSCHAFT E. V. (DNG)
Postfach 19 03 27 | 50500 Köln | Tel. 0221/233 83 80 | Fax: 233 83 82 | www.deutsch-nepal.de

FREUNDE NEPALS E. V.
Eschenloh 29 | 84056 Rottenburg | Tel. 08781/203 98 71 | Fax 20 21 53 | www.freunde-nepals.de

NEPALESISCHES HONORARKONSULAT KÖLN
Postfach 19 03 39 | 50500 Köln | Tel. 0221/233 83 81 | Fax 233 83 82 | www.konsulatnepal.de

NEPAL TOURISM BOARD (NTB)
Bhrikuti Mandap, Kathmandu | Tel. 01/425 69 09 | Fax 01/425 69 10 | www.welcomenepal.com

AUTOVERMIETUNG & TAXI

In Nepal herrscht Linksverkehr. Mietwagen sind nur mit Fahrer und nur im Kathmandu-Tal buchbar. Preis/Tag: mind. 60 US-$. Empfehlenswerter und billiger ist es, ein Taxi anzuheuern. Preis vorher aushandeln, denn die Chauffeure fahren oft nur zu ihnen genehmen Zielen, stellen das Taxameter nicht ein und verlangen bei Nacht und Regen Wucherpreise. *Nachttaxi (teurer) in Kathmandu (21–2 Uhr): Tel. 01/422 43 74.*

BANKEN

Geld kann man in Kathmandu und Pokhara offiziell in vielen Hotels tauschen. Die Kurse sollten Sie trotzdem vergleichen (höher bei Travellerschecks). Mit den Kreditkarten Visa, Mastercard oder American Express kann in vielen Hotels sowie in den teuren Restaurants bezahlt werden. Die meisten Geldautomaten akzeptieren EC-Karten, Visa- und Master Kreditkarten jeweils mit PIN.

Außerhalb der beiden Touristenzentren ist Geld wechseln schwierig bzw. unmöglich. Vor der Abreise kann man nur 10 Prozent der getauschten Summe unter Vorlage der aufbewahrten Umtauschquittungen zurückwechseln. Banken haben So bis Do 10–15, Fr bis 13 Uhr geöffnet.

DIPLOMATISCHE VERTRETUNGEN

NEPALESISCHE BOTSCHAFT
Guerickestr. 27 | 10587 Berlin | Tel. 030/34 35 99 20 | Fax 34 35 99 06 | www.nepalembassy-germany.de.
Auch zuständig für Österreich. Konsulate in Frankfurt, Hamburg, Köln, München, Stuttgart, Wien, Zürich

BOTSCHAFT DER BUNDESREPUBLIK DEUTSCHLAND
Gyaneshwar | P.O. Box 226 | Kathmandu | Tel. 01/441 27 86 | Fax 441 68 99 | www.kathmandu.diplo.de

HONORARKONSULAT ÖSTERREICH
Hattisar, Naxal | P.O. Box 146 | Kathmandu | Tel. u. Fax 01/443 48 91

HONORARKONSULAT SCHWEIZ
SDC Complex | Ekantakuna, Jawalakhel, Lalitpur | Tel. 01/554 92 25 | Fax 55492 24

EINREISE

Erforderlich: Reisepass, der noch ein halbes Jahr gültig sein muss. Sie erhalten ein Visum bei der Einreise. Ein Touristenvisum für 15 Tage kostet 25 US-$, für 30 Tage 40 US-$ und für 90 Tage 100 US-$, ein Transitvisum für einen Tag 5 US-$ (Formular vor der Reise unter *www.konsulatnepal.de* herunterladen und ausfüllen). Halten Sie ein Passfoto bereit. Touristenvisa sind an der Grenze billiger als im Konsulat. *Immigration Offices* gibt es in Kathmandu *(Maitighar, Impact Building | Tel. 01/422 35 90)* und in Pokhara *(Pardi | Tel. 061/46 51 67)*. *www.immi.gov.np*

FOTOGRAFIEREN

In Kathmandu ist in den Fotogeschäften entlang der New Road und in Thamel alles rund ums (digitale) Fotografieren zu vergleichbaren Preisen wie in Europa erhältlich.

GESUNDHEIT

Bereiten Sie sich durch Lektüre und körperliche Betätigung auf die Reise vor. Bei direkter Einreise aus Europa sind keine Impfungen vorgeschrieben. Lassen Sie sich vom nächstliegenden Tropeninstitut oder vom Gesundheitsamt bezüglich empfohlener Schutzimpfungen und evtl. nötiger Auffrischungen beraten. Einige Tropeninstitute haben *Ansagedienste* für erste Informationen *(München Tel. 089/33 67 55 | Berlin Tel. 030/197 23 | Zürich Tel. 01/252 82 20)* an. Infos im Internet: *www.travelmed.de, www.crm.de, www.reisemed.at.*

Durchfall (engl. *diarrhoea,* sprich deiaríah) zu Beginn der Reise ist normal und spätestens nach drei Tagen vorbei. Trinken nicht vergessen, evtl. mit einer Elektrolytlösung die verlorenen Mineralstoffe ersetzen. Unter dem Namen *Jeevan Jaal* erhalten Sie dieses Pulver in Nepal. Durch die hohen Temperaturunterschiede erkältet man sich leicht. Moskitos gibt es zwischen Mai und Sept., eine mittle-

> WAS KOSTET WIE VIEL?

> **BIER**	**2,40 EURO** für eine Flasche Bier (650 ml)
> **WASSER**	**0,50 EURO** für 1 l stilles Wasser
> **DAAL BHAAT**	**AB 2 EURO** für eine Portion der Nationalspeise
> **CD**	**AB 2,50 EURO** für eine Musik-CD
> **T-SHIRT**	**AB 4 EURO** für ein besticktes T-Shirt
> **MOMO**	**AB 1,20 EURO** für eine Portion Huhn

re Malariagefahr besteht nur im Terai (Prophylaxe und konsequentes Einreiben mit einem Mückenschutzmittel abends und nachts). Ein Tuch vor dem Mund schützt in Kathmandu vor Abgasen und Dieselrußpartikeln. Achten Sie darauf, dass das Trinkwasser abgekocht ist (evtl. mit Mikropur-Tabletten desinfizieren), verzichten Sie auf Eiscreme, -würfel, ungeschältes Obst und Gemüse.

APOTHEKEN

In Apotheken gibt es alle Medikamente ohne Rezept.

CIWEC CLINIC

Bietet einzigartige reisemedizinische Infos. *Lazimpat (gegenüber British Council) | Tel. 01/442 41 11 | Fax 441 25 90 | www.ciwec-clinic.com*

KUNPHEN TIBETAN MEDICAL CENTRE

Praxis für tibetische Medizin. *Chhetrapathi | Tel. 01/425 19 20*

KRANKENHÄUSER

Norvic Hospital | Thapathali, Kathmandu | Tel. 01/425 85 54 | www.norvichospital.com; Patan Hospital | Patan | Tel. 01/552 22 95 | www.patanhospital.org.np; Dhulikhel Hospital | Dhulikhel | Tel. 011/49 04 97 | deutschsprachig (S. 57); Sushma Koirala Memorial Hospital | Sankhu | Tel. 01/445 08 26 | deutschsprachig

INTERNET

Internetcafés finden Sie in Kathmandu an jeder Ecke, mit 1 Rs/Min. ist das Surfen sehr günstig. In Pokhara und allen weiter entfernten Orten mit Internetverbindung ist die Nutzung etwas teurer. Interessante Webseiten: *www.south-asia.com; www.travel-nepal.com; www.nepal.com; www.info-nepal.com; www.nepalnews.com; www.nepal-research.com; www.catmando.com; www.nepal-traveller.com; www.tnp.com.np; Sehr* informative Seite in Deutsch: *www.ngo-forum.de*

KLEIDUNG

Außerhalb der Monsunzeit brauchen Sie Kleidung für heiße Tage und kühle Abende. Frauen sollten allzu Modisches zu Hause lassen, Männer nicht mit nacktem Oberkörper herumlaufen.

WÄHRUNGSRECHNER

€	Rs	Rs	€
1	89,38	10	0,12
2	178,76	25	0,30
5	446,90	50	0,61
10	893,80	75	0,92
20	1787,61	100	1,22
30	2681,42	200	2,45
50	4469,03	500	6,14
100	8938,05	1000	12,28
500	44 690,30	5000	61,44

KLIMA/REISEZEIT

Die schönste Reisezeit ist von Ende Sept. bis Ende Okt.: Nach dem Monsun ist alles grün, die Sicht klar, die Temperaturen sommerlich. Die zweite Hauptsaison ist März. Heiß und staubig sind Mai und Juni bis zum Monsunbeginn Mitte Juni (gewaltige Gewitterstürme!). Dagegen regnet es während des Monsuns bis Mitte Sept. meist sanft, oft nachts. Die kältesten Monate sind Dez., Jan. und Feb. Schnee ist im Tal unbekannt, das gilt auch für Heizungen.

NOTRUF

NOTRUF/EMERGENCY IN KATHMANDU

Polizei Tel. 100; Feuerwehr Tel. 101; Touristenpolizei Bhrikuti Mandap, Tel. 01/424 70 41

ÖFFENTLICHE VERKEHRSMITTEL

Sie können Busse, LKWs, Flugzeuge, Taxis, Elektrotaxis *(safa)* und Fahrradrikschas (Preis vorher aushandeln) nutzen. Taxis haben ein schwarzes Nummernschild mit weißen Buchstaben und ein Taxameter. Alle Stadtfahrten mit dem Bus kosten nur wenige Rupien. Die meisten Überlandbusse fahren vom Buspark in Gongabu im Norden Kathmandus ab. Besser reist man jedoch in Touristenbussen nach Dhulikhel, Nagarkot, Pokhara und Chitwan z. B. von *Greenline (Tridevi Marg, Thamel | Tel. 01/425 38 85).*

Mit kleinen Maschinen und Hubschraubern werden über 40 Flughäfen und Landepisten im Land angeflogen. Während des Monsuns kommt es zu wetterbedingten Einschränkungen!

ÖFFNUNGSZEITEN

Ruhetag ist der Samstag. Regierungsstellen, Behörden und Büros haben So–Do 10–17 Uhr geöffnet, von Mitte Nov. bis Mitte März bis 16 Uhr, Fr immer 10–15 Uhr. Alle Museen sind täglich außer Di von 10–17 Uhr geöffnet, Mitte Nov. bis Mitte Feb. bis 16 Uhr.

POST

Das Hauptpostamt „General Post Office“ befindet sich in der Nähe des *Dharahara Tower*. Pakete können nebenan im „Foreign Post Office“ verschickt und empfangen werden. Postkarten nach Deutschland und andere mitteleuropäische Länder kosten 25 Rs, Aerogramme (Luftpostleichtbriefe) 28 Rs, Normalbriefe bis zu 20 g 35 Rs, Faxe nach Deutschland ca. 40 Rs/Min. Zudem gibt es einen Express Mail Service (EMS). Expressversand auch über *Fedex*

WETTER IN KATHMANDU

	Jan.	Feb.	März	April	Mai	Juni	Juli	Aug.	Sept.	Okt.	Nov.	Dez.
Tagestemperaturen in °C	18	20	25	29	30	29	29	29	28	27	23	19
Nachttemperaturen in °C	2	4	7	11	16	19	20	20	19	14	8	3
Sonnenschein Std./Tag	6	6	8	10	6	5	3	2	3	5	5	5
Niederschlag Tage/Monat	1	5	3	4	12	18	24	23	15	4	0	1

(Kantipath | Tel. 01/426 92 48 | www.fedex.com/np) und *DHL (Kamaladi | Tel. 01/478 24 27 | www.dhl.com)*.

PREISE & WÄHRUNG

Wärungseinheit ist die Nepali Rupiyaa oder Rupie (Rs). Eine Rupie hat 100 Paisa. Ein Taxi vom Flughafen ins Zentrum kostet ca. 350 Rs.

SICHERHEIT

Nepal ist grundsätzlich ein sicheres Reiseland. Dennoch sind Demonstrationen *(julus)* zu meiden, Ausgangssperren *(curfews)* strikt einzuhalten. Ein Generalstreik *(bandh)* kann das öffentliche Leben zum Erliegen bringen. Auch mit Blockaden/Straßensperrungen sollte jederzeit gerechnet werden. Die Hauptreisegebiete gelten zwar auch dann als sicher, der Reiseverlauf muss jedoch kurzfristig der Lage angepasst werden.

SPRACHE

Nepali ist Nationalsprache, Englisch eine wichtige Handelssprache. Mit Englisch können Sie sich in Städten meist sehr gut verständlich machen.

STROM

Netzspannung: 220 V, 50 Hertz. Steckdosen sind für Flachstecker geeignet. Stromausfälle gehören zum täglichen Leben. Größere Hotels haben meist einen Generator.

TELEFON & HANDY

Internetcafés ermöglichen auch Fern- und Inlandsgespräche. Eine Minute nach Deutschland kostet 15–25 Rs, wobei jede angebrochene Minute bezahlt werden muss. Internetverbindungen sind in der Regel viel billiger. Einige Läden bieten Internettelefonie auch über Skype für etwa 3–5 Rs pro Minute an. Hotels, Gasthäuser und Geschäfte verlangen für Ortsgespräche 3–5 Rs/Min. Mobiltelefone europäischer Netze funktionieren nicht. Vorwahl nach Nepal: *00977*.

TRINKGELD

Mit dem Ausweis einer „Service Charge“ von 10 Prozent beinhaltet die Rechnung in den meisten Hotels, Restaurants und Reiseagenturen bereits das Trinkgeld.

ZEITUNTERSCHIED

Nepal ist Europa während der europäischen Sommerzeit 3 Stunden und 45 Minuten, zur Winterzeit 4 Stunden und 45 Minuten voraus.

ZEITUNGEN

Gute Tageszeitung: *The Kathmandu Post (www.kantipuronline.com)*; weitere: *The Himalayan Times (www.thehimalayantimes.com)* und die regierungseigene *Rising Nepal (www.gorkhapatra.com)*. Wochenzeitung: *Nepali Times (www.nepalitimes.com)*. Informativ: *ECS Guide to Living in Nepal (monatlich, www.ecs.com.np)*.

ZOLL

Bei der Einreise Luxusgegenstände im Pass deklarieren lassen und bei der Ausreise wieder vorzeigen. Der Zoll hat bei der Einreise ein scharfes Auge auf Videokameras, Computer u. Ä., bei der Ausreise auf Drogen und Antiquitäten. Grundsätzlich verboten ist die Ausfuhr von nepalesischen Rupien, Schusswaffen, Gold, Silber, Edelsteinen sowie Fellen und Häuten geschützter Tiere.

> THIMI NEPALI BHOLNU SAKCHHAU?

„Sprechen Sie Nepalesisch?" Dieser Sprachführer hilft Ihnen, die wichtigsten Wörter und Sätze auf Nepali zu sagen

Aussprache

a	kurz und dumpf, zwischen **a** und **o** in „matt" und „Motte".
aa	langes **a** wie in „Rasen".
ch	wie **tsch** in „deu**tsch**" (*Bsp.:* **ch**iya).
chh	wie **tschh** in „kla**tschh**aft" (*Bsp.:* **chh**a).
j	wie **dsch** in „**Dsch**ungel" (*Bsp.:* **j**aane).
sh	wie **sch** in „**sch**ön" (*Bsp.:* **Sh**iva).
y	wie **j** in „**j**a" (*Bsp.:* **y**o).
v/b	sind austauschbar, wie **w** in „**W**asser" (*Bsp.:* **V**ishnu/**B**ishnu).

Konsonanten mit einem h wie in „Bud**dh**a" werden leicht gehaucht: **dh** wie in „Lan**dh**aus", **kh** wie in „**K**atze", **th** wie in „**T**ee" (aber mit weichem **t**).

Am besten die Worte vorlesen lassen!

Die Betonung (') liegt bei längeren Worten meistens auf der letzten Silbe, auf **aa** wie in m**aa**su (Fleisch) oder auf **ko** wie in aalu'**ko** tar'k**aa**ri (Kartoffelgemüse). Ausnahmen gibt es u. a. bei Ortsnamen: Pokhara = 'Pokhaara, Patan = 'Paaten, Kathmandu = 'Kaathmandu, Himalaja = Hi'maalaja, der Berg Machhapuchhare = Matschaa'putschre, Nepal = 'Nepal.

AUF EINEN BLICK

Ja, okay.	*leichtes Kopfwiegen*
Ja, es ist/gibt …	Ho/Chha …
Gibt es …?	chha …?
Nein, es ist/gibt nicht …	Hoina/Chhaina …
Okay, in Ordnung.	Thik chha, hunchha.
Morgen vielleicht.	Bholi holaa.
Bestimmt!	Pakkaa ho!
Was soll man machen?	Ke garne?
Wo ist …	Khoi …?/Kahaa chha …?
Was ist das?	Yo ke ho?
Was ist los?	Ke bhayo?
Wie viel kostet es?	Kati ho?
etwas	ali kati/ali ali
viel, sehr	dherai (*Aussprache:* ['dhere])
klein/groß	saano/thulo
Entschuldigung!	Yataa hernus ta!
Gern geschehen, in Ordnung.	Bhaigo.
Danke schön! *(selten)*	Dhanyabaad! *(besser: lächeln)*
Sehr/Super schön.	Dherai/Ekdam raamro chha.

> www.marcopolo.de/nepal

SPRACHFÜHRER NEPALI

Ich spreche kein Nepali.	Ma Nepali boldina.
Ich habe nicht verstanden.	Maile bujhina.
Wie sagt man auf Nepali?	Nepalimaa ke bhanchha?
Nepal gefällt mir sehr gut!	Nepal man parchha!

KENNENLERNEN

Guten Tag!/Auf Wiedersehen!	Namaste!
(besonders höflich)	Namaskar!
Hast Du schon gegessen?	Khanaa khaanu bhayo?
Guten Tag. *(Tibetisch)*	Tashi delek [dele].
Wie geht's?	Kasto chha?/Sanchai chha?
Danke gut. Und Ihnen?	Sanchai. Tapaailaai ni?
Bitte, kommen Sie herein!	Bhitra aanus!
Bitte, setzen Sie sich!	Basnus!
Fest	Jaatra
Wohin gehen Sie?	Kahaa jaane?
Ich gehe nach Kathmandu.	Kathmandu jaane.
Wie heißen Sie?	Tapaaiko naam ke ho?
Mein Name ist …	Mero naam … ho.
Aus welchem Land/Ort kommen Sie?	Tapaaiko desh/gaau kun ho?
Mein Land ist Deutschland.	Mero desh Germany ho.
Bis zum nächsten Mal!	Pheri bhe'tauulaa!
Gute Nacht! *(Sehr höflich)*	Suba raatri!
Freund/Freundin	saathi
Ehemann/-frau	Mero srimaan/srimaati
Hindu/Hindi	Hindu *(Mensch/Sprache)*
Buddhist	Buddhist maanchhe
Sherpa	Angehöriger des Sherpa-Volkes *(nicht „Träger"!)*

UNTERWEGS

Straße, Weg, Pfad	baato
Teil eines Stadtviertels	tol
Kreuzung, Hof	chowk
Ich brauche ein Taxi.	Malaai taxi chaahinchha.
Nach Thamel, bitte.	Thamel jaanus.
Mit Taxameter, bitte!	Mitaar maa jaanus na!
Ich fahre mit dem Bus.	Ma basmaa jaane.
Wo fährt der Bus ab?	Bas stop khoi?

Ich brauche einen Träger.	Bhaariya chaahinchha.
Tragekorb/-riemen/Last	doko/naamlo/bhaari
Wie viele Std./Tage dauert es?	Kati ghantaa/din laagchha?
links/rechts	baayaa/daayaa
geradeaus	sidhaa
Norden	uttar
Süden	dakshin
Osten	purba
Westen	paaschim
Welches ist der Weg nach Jomsom?	Jomsom jaane baato kun ho?
bergauf/bergab	ukaalo/oraalo
flach/quer rüber	samma/terso
Fluss/Brücke/See	kholaa/pul/taal
Tal(grund)/Berg(rücken)	besi/daanda, lekh
Am Fuße des Berges	phedi
Pass, höchste Stelle	bhanjyang/la
Bergkamm, höchste Stelle	deorali
Rastplatz unterm Baum	chautaaraa
Dorf/Haus	gaau/ghar
nah/weit	najik/taadhaa
leicht/schwer	sajilo/gaaro
Gehen Sie bitte langsam/ schnell.	Bistaari/Chhito jaanus!
Einen Augenblick, bitte!	Eek chhin!
Es ist heiß/kalt.	Garmi/Jaado chha.

ESSEN

Gibt es hier einen Teashop/ Bar?	Chiya pasal/bhatti chha?
Gibt es einen „Ess-Platz“?	Khaane thaau chha?
Ist da jemand? Bedienung bitte!	O, Didi! O, Daai! *(wörtl. „ältere Schwester/älterer Bruder“)*
Haben Sie Tee/Wasser?	Chiya/Paani chha?
Gibt es jetzt Essen?	Ahile khaanaa chha?
Ich bin hungrig.	Malaai bhok laagyo.
Ist das Essen scharf?	Piro chha?
Löffel	chamchaa
Teller	plate (engl.)/thaali
rituell unrein	jutho
Ich esse mit den Fingern.	Ma haatle khaanchhu.
Geben Sie mir bitte Salz.	Nun dinus.
Das ist (sehr) lecker!	(Dherai) mitho chha!
Danke, genug!	Pugyo!
Wasser zum Waschen	dhune paani

ÜBERNACHTUNG

Gibt es hier ein Hotel?	Hotel/lodge chha?
Haben Sie ein Zimmer?	Kothaa chha?
Gibt es eine Toilette?	Charpi chha?
zwei Personen	dui jaanaa
drei Tage	tin din
heute/morgen/gestern	aaja/bholi/hijo
Morgen/Nachmittag	bihaana/diuso
Abend/Nacht	belukaa/raati
Das ist teuer/preiswert.	Mahango/Sasto chha.
Das gefällt mir (nicht).	Man parchha. (Man pardaina.)
Okay, das nehme ich.	Thik.

PRAKTISCHE INFORMATIONEN

Gibt es Strom?	Bijuli chha?
Gibt es eine Feuerstelle?	Aago chha?
Gibt es ein Telefon?	Phone *(engl.)* chha?
Wo ist …?	… kahaa chha?/… khoi?
die Apotheke	ausadhi pasal
der Wochenmarkt	bazaar/haat
Haben Sie …?	Tapaaisanga … chha?
… Kerzen/Seile?	… mainbatti/dori?
… Kerosin?	… mattitel?
Ich brauche einen Arzt!	Malaai daaktar chaahinchha!
Ich bin krank.	Ma biraami chhu.
Es tut weh …	… dukhchha.
Kopf/Brust/Bauch/ Knie/Zahn	taauko/chhaati/peet / ghudaa/daat
Ich habe Fieber/Durchfall.	Jaro/Disa laagchha.
Wo ist die Polizei?	Police/Thaanaa khoi?
(Taschen)Dieb!	(Pocket)Chor!

ZAHLEN

०	0	sunya	20	biis
१	1	eek	30	tiis
२	2	dui	40	chaalis
३	3	tin	50	pachaas
४	4	chaar	60	saathi
५	5	paanch	70	sattari
६	6	chha	80	assi
७	7	saat	90	nabbe
८	8	aath	100	eek say, saya
९	9	nau	1000	eek hajaar
१०	10	das	100000	eek laakh

> DO YOU SPEAK ENGLISH?

„Sprichst du Englisch?" Dieser Sprachführer hilft Ihnen, die wichtigsten Wörter und Sätze auf Englisch zu sagen

Aussprache

Zur Erleichterung der Aussprache sind alle englischen Wörter mit einer einfachen Aussprache (in eckigen Klammern) versehen.
Folgende Zeichen sind Sonderzeichen:

ə nur angedeutetes „e" wie in bitte
θ [s] gesprochen mit der Zungenspitze zwischen den Zähnen

AUF EINEN BLICK

Ja./Nein.	Yes. [jes]/No. [nəu]
Vielleicht.	Perhaps. [pə'häps]/Maybe. ['meibih]
Bitte./Danke.	Please. [plihs]/Thank you. ['θänkju]
Gern geschehen.	You're welcome. [joh 'welkəm]
Entschuldigung!	I'm sorry! [aim 'sorri]
Wie bitte?	Pardon? ['pahdn]
Ich möchte …	I'd like … [aid 'laik …]
Das gefällt mir (nicht).	I (don't) like it. [ai (dəunt) laik it]
Haben Sie …?	Have you got …? ['häw ju got …]
Gibt es …?	Is there …? ['is θeə …?]
Wie viel kostet es?	How much is it? ['hau 'matsch is it]
Guten Morgen!	Good morning! [gud 'mohning]
Guten Abend!	Good evening! [gud 'ihwning]
Hallo!/Grüß dich!	Hello! [hə'ləu]/Hi! [hai]
Wie ist Ihr/dein Name?	What's your name? [wots joh 'neim]
Es freut mich, Sie kennen zu lernen.	Pleased to meet you. ['plihsd tə 'miht ju]
Wie geht es Ihnen/dir?	How are you? [hau 'ah ju]
Auf Wiedersehen!/Tschüs!	Goodbye! [gud'bai]/See you!['sih ju]

UNTERWEGS

links/rechts/geradeaus	left [left]/right [rait]/straight on [streit 'on]
nah/weit	near [niə]/far [fah]
Wo ist …?	Where's …? ['weəs …]
… der Busbahnhof	… the bus station [θə 'baß steischn]
… der Flughafen	… the airport [θi 'eəpoht]
Wie weit ist das?	How far is it? ['hau 'fahrisit]
Ich brauche einen Träger	I need a porter [ai nihd ə 'pohtə]
Ich möchte … leihen.	I want to rent … [ai wont tə rent …]
Zeitplan/Fahrplan	schedule ['skedjuhl]

Preisliste	tariff ['tärrif]
Was ist die größte Höhe?	What is the highest altitude? ['wot is θə 'haiəst 'ältitjuhd]
Geht/Ist der Weg …	Is the trail … [is θə treil …]
… steil hoch/runter/eben?	… steep up/down/level? [stihp ap/daun/läwl]

ESSEN

Die Speisekarte, bitte.	The menu, please. [θə 'menjuh plihs]
Bedienung, bitte.	Waiter, please. ['weitə plihs]
Bezahlen, bitte.	The bill, please. [θə 'bill plihs]
scharfes Essen	hot food [hott fuhd]
Menü	fixed menu [fikst 'menjuh]
Hauptgericht	main course [mein cohs]
Nepalesische Küche	Nepali food [nə'pahli fuhd]
Europäische Küche	continental food [konti'nentl fuhd]
Steuerzuschlag	government tax ['gawnmənt 'täks]
Bedienungszuschlag	service charge ['söhwis tschahdsch]

ÜBERNACHTUNG

Hotel, Gasthaus	hotel [həu'tel], guesthouse ['gesthaus], lodge [lodsch]
Dusche/WC auf dem Flur?	common shower/toilet ['komən schauer/'toilit]
Frühstück	breakfast ['brekfəst]
Halbpension/Vollpension	half board ['hahf bohd]/full board ['full bohd]
Gepäcklagerraum	luggage room ['laggidsch ruhm]
Wäsche, Wäscherei	laundry ['lohndri]
Weckruf	wake-up call ['weikap kohl]

PRAKTISCHE INFORMATIONEN

Ich brauche einen Arzt.	I need medical help. [ai nihd 'medikl help]
Apotheke	… a pharmacy [ə 'fahməssi]
Praxis/Krankenhaus	clinic ['klinik]/hospital ['hospitl]
Fliegender Händler	hawker [hohkə], street vendor [striht 'wendə]
Hilfe!	Help! [help]
Wo ist die Polizei?	Where is the police/checkpost? [weəs θə pə'lihs/'tschekpəust]
Vorsicht!	Watch out! [wotsch aut!]
Taschendieb!	Pickpocket! ['pickpockit]
Vorfall/Tat	incident ['inssidənt]

Bhairav-Nath-Tempel in Bhadgaon

> UNTERWEGS IN NEPAL

Die Seiteneinteilung für den Reiseatlas finden Sie auf dem hinteren Umschlag dieses Reiseführers

REISE ATLAS

A
B
C
1
2
3
4
5
6
10 km
Kailas
Barga
Tsepgye Gompa
Ganga Chu
Chiu Gompa
Tseti
Mapam Yumco
(Mapham Tso, Lake Manasarovar)
Lainga Co
(Langnga Tso, Lake Raksas Tal)
Gosul Gompa
Serallung Gompa
Hot
Lahkadonkhang
Gurla La 4900
Thugolho Gompa (Trugo Gompa)
Yer-ngo Gompa
Hot Springs
Map Chu
Guerla Mandatashan (Gurla Mandhata)
7728
Lolun La 4953
Lapcha La 5018
Takhmarkhu
Nalakankar Himal
Tsegu Gompa
Purang (Taklakot)
Simbiling Gompa
Lipu Lekh 5100
Takhu Himal
Kalapani
Chyang La 5100
Tinkar La 5258
Kejiat
Khojarnath
Til
Haji
Jang
Gumma Yok
Chyoro Ri 6037
Lasa 6388
Tinkar
Tinkar Kh.
Sher
Numuchetuppa 5250
Manepeme
Nara La 4580
Sipsip
Yari
Torea
Humla
Chimala Pass 5092
Yoka Pahari 6644
Gurans Himal
Yangar
Kermi
Chydauwa
Muchu
Khalalgau
Tuling
Humla Karnali
Api 7132
Nampa 6754
Thadodhungastuppa 5740
Urai Pass 5638
Saipal
Byasrishi Himal
Garaphu
Saipal 7031
4703
Kapchuli 6850
Lama 6800
Saipal Himal
Sain
Dahachaur
Chaurapani
Kapchuli B.C.
Chachaur
Bakiya Lekh
Chheti
Patharsi Pass 4660
Dhuli
Bhogad
Ghat Khola
Seti R.
5934
Bananiyaodar
Lagna
Kangarkot
Bauri
Karnali R.
Kundagoth
3516
Jethibahurani
Thichharo
Lolandu
Damoligotha
Bhargau
3700
Kidanagau
Jugar Danda
Chauki Lekh
Kyuri
Lekhgau
Bajhari
Chainpur
Dugu
Dogargontha
3521
Matali
Seti
Manakot
Kolti
Juko
Seti River
Gorkhali
Thini
Kotbhairab
Martadi
Khaptad National Park
Dugurbani
Kedar
Budhi Ganga River
Deura 4282
Tharikand
Khisma
Bejula
3157
Dauda
Bargau
Masteswor
Dipayal-Silgadhi
Silgadhi
Lamabagar
Thirpu
5242
5316
4590
4586
28
20
45
15
43
F

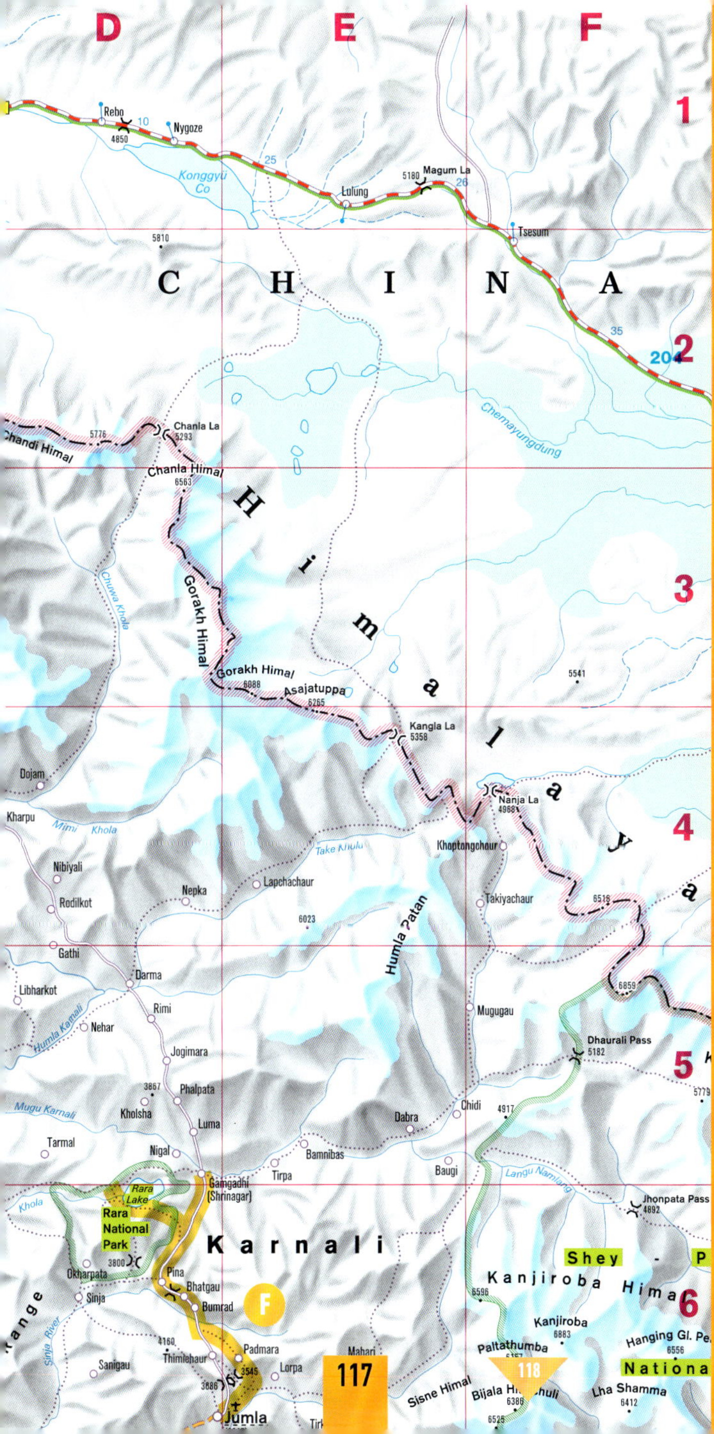

D
E
F
1
2
3
4
5
6
Rebo
4850
10
Nygoze
Konggyü Co
25
Lulung
5180
Magum La
26
Tsesum
5810
C H I N A
35
204
Chemayungdung
Chanla La
5293
5776
Chandi Himal
Chanla Himal
6563
H i m a l a y a
Chuwa Khola
Gorakh Himal
Gorakh Himal
6088
Asajatuppa
6265
5541
Kangla La
5358
Nanja La
4968
Dojam
Kharpu
Mimi Khola
Take Khola
Khaptangchaur
Nibiyali
Rodilkot
Nepka
Lapchachaur
Takiyachaur
6518
6023
Humla Patan
Gathi
Darma
Libharkot
Rimi
Humla Karnali
Nehar
6859
Mugugau
Dhaurali Pass
5182
Jogimara
3867
Phalpata
5779
Mugu Karnali
Kholsha
Luma
Chidi
4917
Dabra
Tarmal
Nigal
Bamnibas
Tirpa
Baugi
Langu Namlang
Gamgadhi (Shrinagar)
Khola
Rara Lake
Rara National Park
Jhonpata Pass
4892
Karnali
3800
Okharpata
Pina
Shey - P
Bhatgau
Kanjiroba Himal
Sinja
Bumrad
F
6596
Kanjiroba
6883
Sinja River
4160
Padmara
Hanging Gl. Pe
6556
Sanigau
Thimlehaur
3545
Lorpa
Mahari
Paltathumba
6157
Nationa
3886
Sisne Himal
Bijala Hi
6386
Lha Shamma
6412
Jumla
6525
117
118

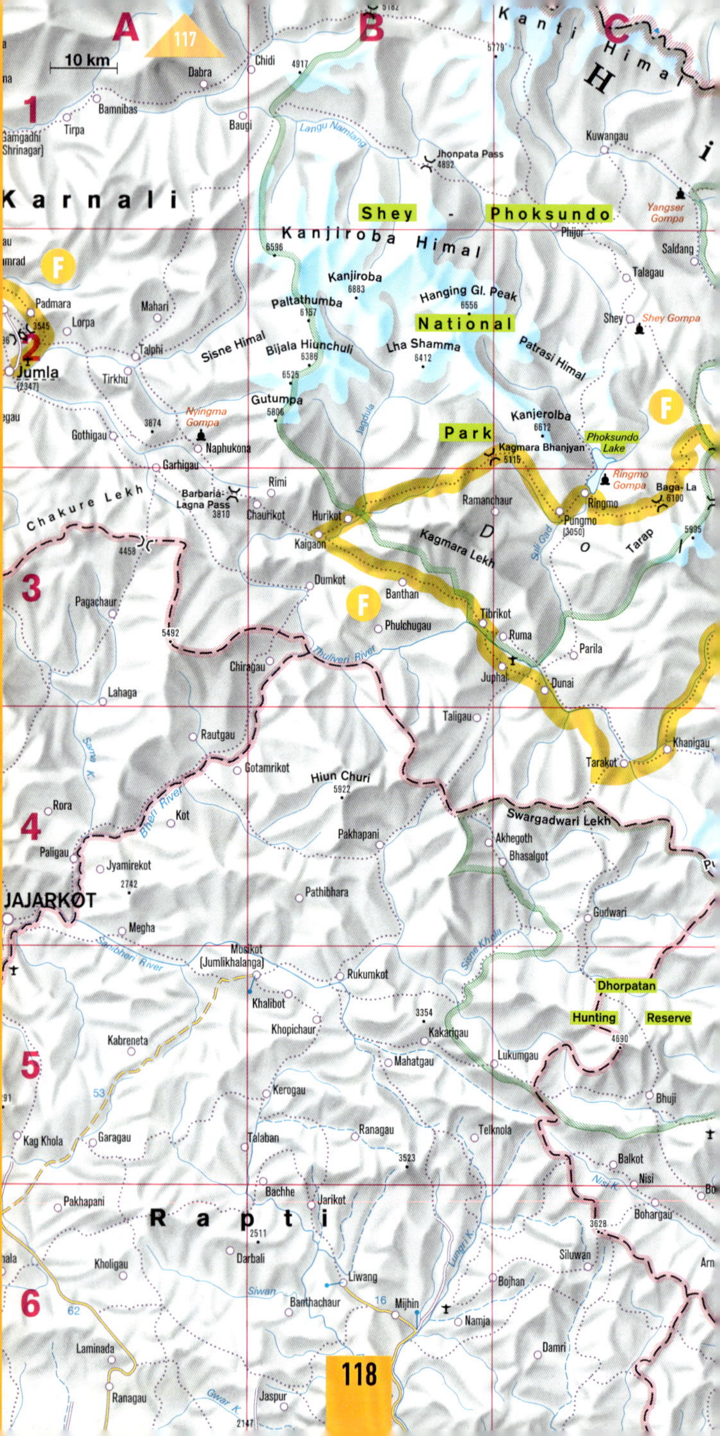
A
B
C
117
10 km
1
2
3
4
5
6
Dabra
Chidi
4917
5779
Bamnibas
Tirpa
Gamgadhi (Shrinagar)
Baugi
Langu Namlang
Jhonpata Pass
4892
Kuwangau
Kanti Himal
Karnali
Shey - Phoksundo
Yangser Gompa
Phijor
Saldang
Kanjiroba Himal
6596
Talagau
F
Kanjiroba
6883
Hanging Gl. Peak
6556
Padmara
Mahari
Paltathumba
6157
National
Shey
Shey Gompa
3545
Lorpa
Sisne Himal
Bijala Hiunchuli
6386
Lha Shamma
6412
Patrasi Himal
Talphi
Jumla
(2347)
Tirkhu
6525
Gutumpa
5806
Nyingma Gompa
3874
Gothigau
Naphukona
Jagdula
Kanjerolba
6612
Park
Kagmara Bhanjyan
5115
Phoksundo Lake
Ringmo Gompa
Garhigau
Rimi
Barbaria-Lagna Pass
3810
Chaurikot
Hurikot
Kaigaon
Ramanchaur
Ringmo
Pungmo
(3050)
Baga- La
6100
5995
Chakure Lekh
4458
Kagmara Lekh
Suli Gad
D
O
Tarap
Dumkot
Banthan
Pagachaur
Phulchugau
Tibrikot
Ruma
Parila
5492
Chiragau
Thuliveri River
Juphal
Dunai
Lahaga
Taligau
Rautgau
Sama K.
Gotamrikot
Hiun Churi
5922
Tarakot
Khanigau
Rora
Kot
Bheri River
Swargadwari Lekh
Paligau
Pakhapani
Akhegoth
Bhasalgot
Jyamirekot
2742
JAJARKOT
Pathibhara
Gudwari
Megha
Sanibheri River
Sisne Khola
Musikot (Jumlikhalanga)
Rukumkot
Dhorpatan
Hunting
Reserve
Khalibot
Khopichaur
3354
Kakarigau
4690
Kabreneta
Mahatgau
Lukumgau
53
Kerogau
Bhuji
Kag Khola
Garagau
Talaban
Ranagau
Telknola
3523
Balkot
Nisi
Nisi K.
Pakhapani
Bachhe
Jarikot
Bohargau
3628
Rapti
2511
Lungri K.
Darbali
Siluwan
Kholigau
Liwang
Bojhan
Siwan
16
Banthachaur
Mijhin
Namja
62
Laminada
Damri
Ranagau
Gwar K.
Jaspur
2147

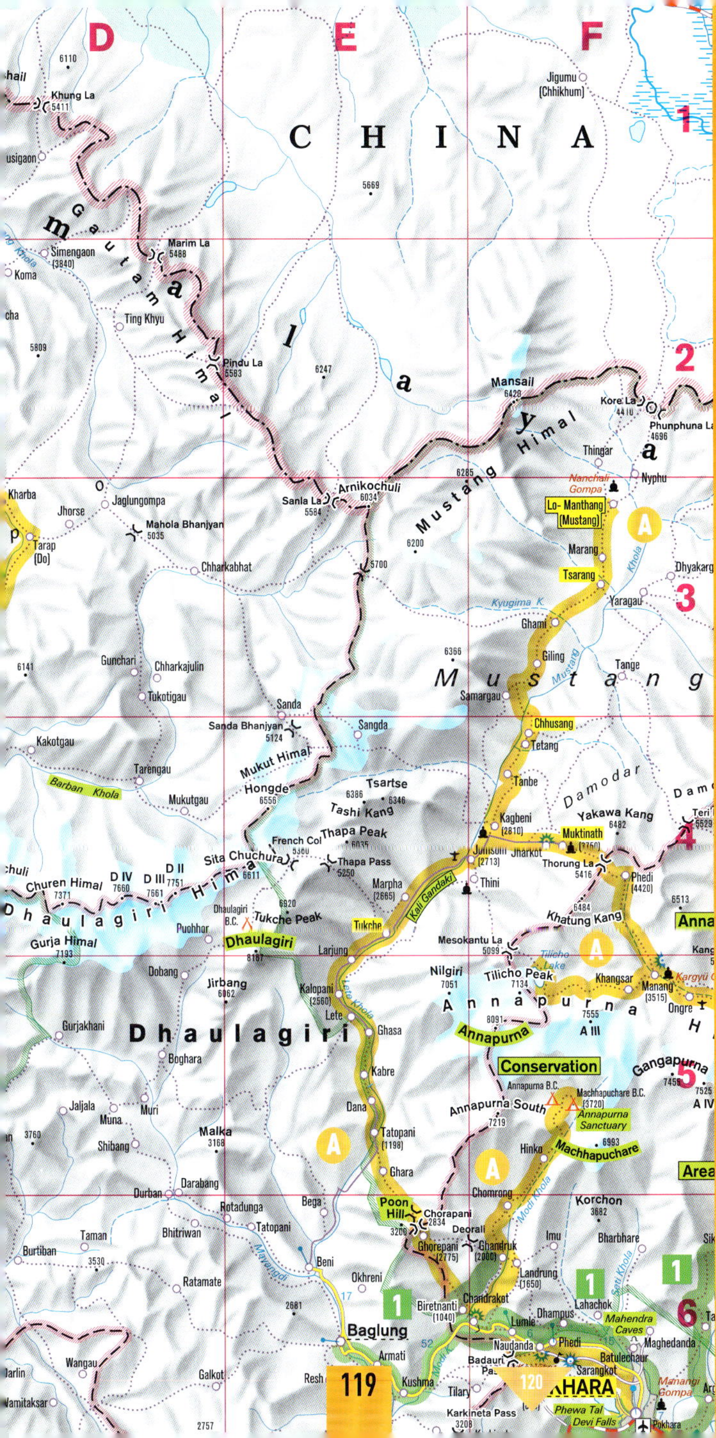
D
E
F
1
2
3
4
5
6
C H I N A
Khung La 5411
6110
Jigumu (Chhikhum)
5669
Simengaon (3840)
Koma
Marim La 5488
Ting Khyu
Gautam Himal
Pindu La 5583
5809
6247
Himalaya
Mansail 6420
Kore La 4410
Phunphuna La 4696
Mustang Himal
Thingar
Nyphu
6285
Nanchali Gompa
Lo- Manthang (Mustang)
Kharba
Jhorse
Jaglungompa
Sanla La 5584
Arnikochuli 6034
Mahola Bhanjyan 5035
Tarap (Do)
Chharkabhat
5700
6200
Marang
Tsarang
Dhyakarg
Yaragau
Kyugima K.
Ghami
Giling
6366
6141
Gunchari
Chharkajulin
Tukotigau
Mustang
Samargau
Tange
Sanda
Sanda Bhanjyan 5124
Sangda
Kakotgau
Chhusang
Tetang
Tarengau
Mukut Himal
Barban Khola
Mukutgau
Hongde 6556
Tsartse
6386
6346
Tashi Kang
Tanbe
Damodar
Kagbeni (2810)
Yakawa Kang 6482
Teri 5529
French Col 5360
Thapa Peak 6035
Muktinath (3760)
Jomsom (2713)
Jharkot
Sita Chuchura 6611
Thapa Pass 5250
Thorung La 5416
Thini
Phedi (4420)
Churen Himal 7371
D IV 7660
D III 7661
D II 7751
Marpha (2665)
Kali Gandaki
6513
Dhaulagiri Himal
Dhaulagiri B.C.
6920
Tukche Peak
6484
Khatung Kang
Puchhar
Tukche
Dhaulagiri 8167
Mesokantu La 5099
Gurja Himal 7193
Larjung
Tilicho Lake
Nilgiri 7051
Tilicho Peak 7134
Khangsar
Manang (3515)
Kargyu G.
Dobang
Jirbang 6062
Kalopani (2560)
Lete Khola
Lete
Annapurna
7555
A III
Ongre
8091
Gurjakhani
Dhaulagiri
Ghasa
Annapurna
Conservation
Area
Boghara
Kabre
Annapurna B.C.
Machhapuchare B.C. (3720)
Annapurna Sanctuary
Gangapurna 7455
7525
A IV
Jaljala
Muna
Muri
Dana
Annapurna South 7219
3760
Malka 3168
Shibang
Tatopani (1198)
6993
Hinko
Machhapuchare
Ghara
Darabang
Durban
Chomrong
Korchon 3682
Rotadunga
Bega
Poon Hill
Chorapani 2834
Bhitriwan
Tatopani
3200
Deorali
Taman
Ghorepani (2775)
Ghandruk (2000)
Imu
Bharbhare
Burtiban
Modi Khola
Beni
Myagdi
3530
Okhreni
Landrung (1650)
Seti Khola
Ratamate
17
2681
Biretnanti (1040)
Chandrakot
Lahachok
Baglung
Lumle
Dhampus
Mahendra Caves
Wangau
52
Naudanda
Phedi
Maghedanda
Batulechaur
Jarlin
Armati
Badauri Pass
Sarangkot
Galkot
Resh
Kushma
Tilary
120
Pokhara
Manangi Gompa
Namitaksar
Karkineta Pass 3208
Phewa Tal
Devi Falls
2757
A

Sita Chuchura
Thapa Pass
5250
Jomsom
(2713)
Jharkot
Thorung La
5416
Phedi
(4420)
Himal
D IV
7660
D III
7661
D II
7751
A
119
B
C
Marpha
(2665)
Thini
Kali Gandaki
6513
Dhaulagiri B.C.
Tukche Peak
Tukche
Khatung Kang
6484
Annapurna
Puchhar
Dhaulagiri
8167
Larjung
Mesokantu La
5099
Tilicho Lake
Kanga La
5325
Ngawal
Manang
(3515)
Ongre
Kargyü Gompa
Dobang
Jirbang
6062
Kalopani
(2560)
Lete
Lete Khola
Nilgiri
7051
Tilicho Peak
7134
Khangsar
Annapurna
8091
7555
A III
Himal
Dhaulagiri
Ghasa
Boghara
Conservation
Gangapurna
7455
7525
A IV
A II
7937
Kabre
Annapurna B.C.
Machhapuchare B.C.
(3720)
Annapurna Sanctuary
Jaljala
Muri
Muna
Dana
Annapurna South
7219
Malka
3168
Shibang
Tatopani
(1198)
Hinko
6993
Machhapuchare
Ghara
Area
Hogagoth
Durban
Darabang
Chomrong
Korchon
3682
Rotadunga
Bega
Poon Hill
Chorapani
2834
3209
Taman
Bhitriwan
Tatopani
Deorali
Bharbhare
Ghorepani
(2775)
Ghandruk
(2000)
Imu
Modi Khola
Siklis
Singdi
3530
Myagdi
Beni
Okhreni
Landrung
(1650)
Seti Khola
Ratamate
2681
Biretnanti
(1040)
Chandrakot
Lahachok
Lumle
Dhampus
Mahendra Caves
Tapran
Baglung
Naudanda
Phedi
Maghedanda
Wangau
Armati
Badauri Pass
Kaskikot
Batulechaur
Sarangkot
Galkot
Resh
Kushma
Tilary
POKHARA
(853)
Manangi Gompa
Argam
Phewa Tal
Devi Falls
Karkineta Pass
3208
Pokhara
Begnas Tal
2757
Shribari
Karkineta
Lekhanath
Rupakot
Rupa Tal
2265
Phedikhola
Seti Khola
Gate
Rankhani
Nuwakot
(1535)
Naudanda
Prithivi Rajmarg
Shantipur
Kali Gandaki
Lunkhu
Nuwakot Garhi
2339
Tamghas
Rupakot
Putalibazar
(Syanja)
Behani
Triveni
Khairenitar
Simichaur
Birbas
Limgha
Pelkachaur
Shringa
Purtighat
Namsimakot
Pidikhola
162
Waling
Andhi K.
Jyagdi
Ridi Bazar
1620
Tharpu
Argali
Ramdi
129
Riri K.
Hungi
Chapakot
Jyagdi
Ramjarkot
Khaseuli
Tansen
(1311)
Arya
Kali
Gadakot
Rakuwa
Bartun
Baireingadi
Pipaldada
Bhartapur
Ihitbas
Puthā K.
1843
Bahadurpur
Devchuli
Kanchan R.
Dobhan
Anahi K.
Butwal
Rakachuli
Bhaluhi
Binai
Deurali
Gajedi
Devdaha
Beluwa
Parsadika
28
85
Bagai
Mahendra Rajmarg
Lumbini
Sunabal
Dumkibas
Chormara
Tharu Village Resort
Wagauli
Tinau
9
Bardaghat
Sikatar
Lumbini Development Area
Parsa
Dano
Siddharthanagar
(Bhairahawa)
Ramgram
(Parasi)
Sunauli
(106)
Barari
Lumbini
(95)
Semri
Tribeni Susta
Padariya
Bishnupura
Nautanwa
Parsauni
Charchari
Gardi
Thutibari
Churahia
67
INDIA
Harnatanr
Gandak

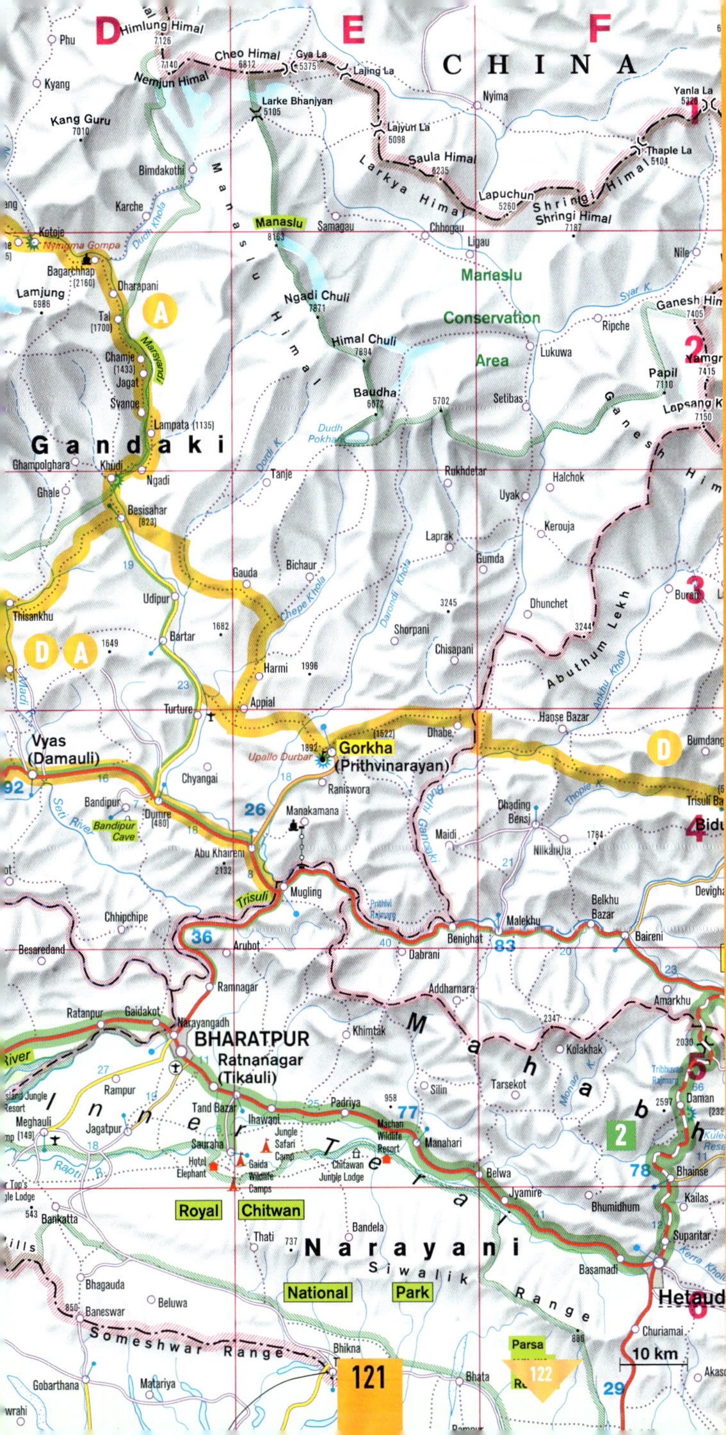
D
E
F
CHINA
Himlung Himal
7126
Phu
Kyang
Cheo Himal
6812
Gya La
5375
Lajing La
Nemjun Himal
Larke Bhanjyan
5105
Nyima
Yanla La
5320
Kang Guru
7010
Lajyun La
5098
Saula Himal
6235
Thaple La
5104
Bimdakothi
Manaslu Himal
Larkya Himal
Lapuchun
5260
Shringi Himal
Shringi Himal
7187
Karche
Manaslu
8163
Samagau
Chhogau
Ligau
Kotoje
Nyingma Gompa
Dudh Khola
Bagarchhap
[2160]
Nile
Dharapani
Manaslu
Conservation
Area
Lamjung
6986
Ngadi Chuli
7871
Syar K.
Ganesh Him
7405
Ripche
A
Tal
[1700]
Himal Chuli
7894
Lukuwa
Chamje
[1433]
Jagat
Marsyandi
Papil
7110
Yamgr
7415
Syange
Baudha
6672
5702
Setibas
Lapsang K
7150
Lampata (1135)
Dudh Pokhari
Ganesh Him
Gandaki
Ghampolghara
Khudi
Ngadi
Dordi K.
Tanje
Rukhdetar
Halchok
Ghale
Besisahar
[823]
Uyak
Kerouja
Laprak
Gumda
19
Gauda
Bichaur
Daraudi Khola
Chepe Khola
3
Udipur
3245
Dhunchet
Buran
Thisankhu
1682
Shorpani
3244
Abuthum Lekh
DA
1649
Bartar
Chisapani
Ankhu Khola
Madi K.
Harmi
1996
23
Turture
Appial
Haose Bazar
Vyas
(Damauli)
[1522]
Dhabe
D
Bumdang
1892
Upallo Durbar
Gorkha
(Prithvinarayan)
92
16
Chyangai
18
Raniswora
Thopie K.
Trisuli Ba
Seti River
Bandipur
Bandipur Cave
Dumre
[480]
26
Manakamana
Budhi Gandaki
Dhading Besi
4
Bidu
18
Maidi
1784
Nilkantha
Abu Khaireni
2132
21
8
Trisuli
Mugling
Devigha
Prithvi Rajmarg
Chhipchipe
Malekhu
Belkhu Bazar
36
Arubot
Benighat
83
Baireni
Besaredand
40
Dabrani
20
23
Ramnagar
Addharnara
Amarkhu
Mahabharat
Ratanpur
Gaidakot
Narayangadh
2347
BHARATPUR
Khimtak
2030
River
Ratnanagar
(Tikauli)
Kolakhak
27
11
Tribhuvan Rajmarg
Rampur
Silin
Tarsekot
Monan K.
Daman
[232
19
Tand Bazar
25
Padriya
958
2597
Meghauli
[149]
Jagatpur
Ihawani
Jungle Safari Camp
77
Machan Wildlife Resort
Manahari
2
Sauraha
Kulek Rese
18
Rapti R.
Hotel Elephant
Gaida Wildlife Camps
Chitawan Jungle Lodge
Inner Terai
78
Bhainse
Belwa
Jyamire
Bhumidhum
Kailas
12
Royal
Chitwan
Bankatta
543
Thati
Bandela
737
Suparitar
Kerra Khola
Narayani
Siwalik
Range
Basamadi
Hetaud
6
Bhagauda
National
Park
Beluwa
850
Baneswar
Parsa
Churiamai
Someshwar Range
Bhikna
886
10 km
122
Gobarthana
Matariya
Bhata
29
Akas

Area
121
A
B
C
1
2
3
4
5
6
D
Baudha
6672
Dudh Pokhari
Yamgra
7415
Lapsang Karbo
7150
Ganesh Himal
Thromse
Kyephu
Mam
Kalor
Rukhdetar
Halchok
Uyak
Paldol
5928
Rasuwa La
1900
Rasuwa
Langtang
Himal
Kerouja
Laprak
Gumda
Yagjiu
Tetanche
Jageswar Kund
Thungman
Ghoda Tabela
Samdang
(3660)
Syabrubenesi
Bichaur
Gadlang
Chonggong
(2380)
Bhargu
Syabru
Dhunche
(1960)
Ganeshkund
Buran
Lapdung
3245
Dhunchet
4086
Shorpani
3244
Abuthum Lekh
Chisapani
Karman
1996
Ankhu Khola
5144
Bokajhunda
Gosainkund
4298
Laurebina La
4609
Ramche
Hanse Bazar
Dhabe
(1522)
Gorkha
(Prithvinarayan)
1892
Durbar
Raniswora
Bumdang
Sersin
Gosainkund Lekh
2220
Thadepati
Betrawati
Bolan
Trisuli River
(541)
Trisuli Bazar
Bidur
Nuwakot
Manakamana
Dhading Bensi
Maidi
Nilkantha
1764
Budhi Gandaki
Puralthok
Gul Bhanjyang
2141
Ghyang
Kutumsang
Tadi K.
Likhu K.
Thansing
Shivapuri
2131
Bag
Pati Bhanjyang
Mugling
Prithivi Rajmarg
Devighat
42
Kakani
(2073)
Kaulithan
Budhanilkantha
Royal Shivapuri Wildlife Reserve
Nagi Gompa
Mulkharka
(1895)
Sundarijal
3
Benighat
Malekhu
83
Belkhu Bazar
Baireni
40
Dabrani
20
23
KATHMANDU
(1298)
2104
Swayambhunath
Boudha
Pashupatinath
Addharnara
Amarkhu
Naubise
Thankot
29
Kirtipur
Tribhuvan
14
UR
Khimtak
2347
2030
Mahabharat
Kolakhak
Tistung
2278
LALITPUR
(PATAN)
Amiko Rajmarg
Shikar Narayan Mandir
Tarsekot
Silin
Tribhuvan Rajmarg
66
Daman
(2322)
2597
Pharping
Godawari
Phulchoki
2731
Chapagaon
Daksinkali
Bagmati River
Lele
Phulchoki
Padriya
958
25
77
Machan Wildlife Resort
Manahari
Kulekhani Reservoir
Bhimphedi
Terai
Chitawan Jungle Lodge
Belwa
78
Bhainse
2528
Jyamire
41
Bhumidhum
Kailas
Bandela
12
Suparitar
Pintar
Bagmati R.
Durlun
Narayani
Siwalik Range
Basamadi
Kerra Khola
Makwanpurgadhi
National Park
Hetauda
886
Churiamai
Pharphabari
Gurase
Bhikna Thori
Parsa Wildlife Reserve
Bhata
Akasdhara
Bhawan Chure
29
Jaspaltal
Karanje
Rampur
Amlekhganj
Panisara
987
Bagphal
Jitpur
Phatalaiya
Nijgadh
Gaidatar
25
Auraha
Simra
67
15
Juribela
27
Tribhuvan Rajmarg
Chandraniga
Langadi
Chainpur
Ramnagar
Simri
Bhasurari
26
Santapur
Kumargadhi
Bagmati River
12
Kalaiya
Sunarpur
Bairia
23
BIRGANJ
Bhaunra
24
9
25
44
Raxaul
Shitalpur
INDIA
31
28A
Bherah
Paterwa
Bake K.
Madanpur
Kadarbana

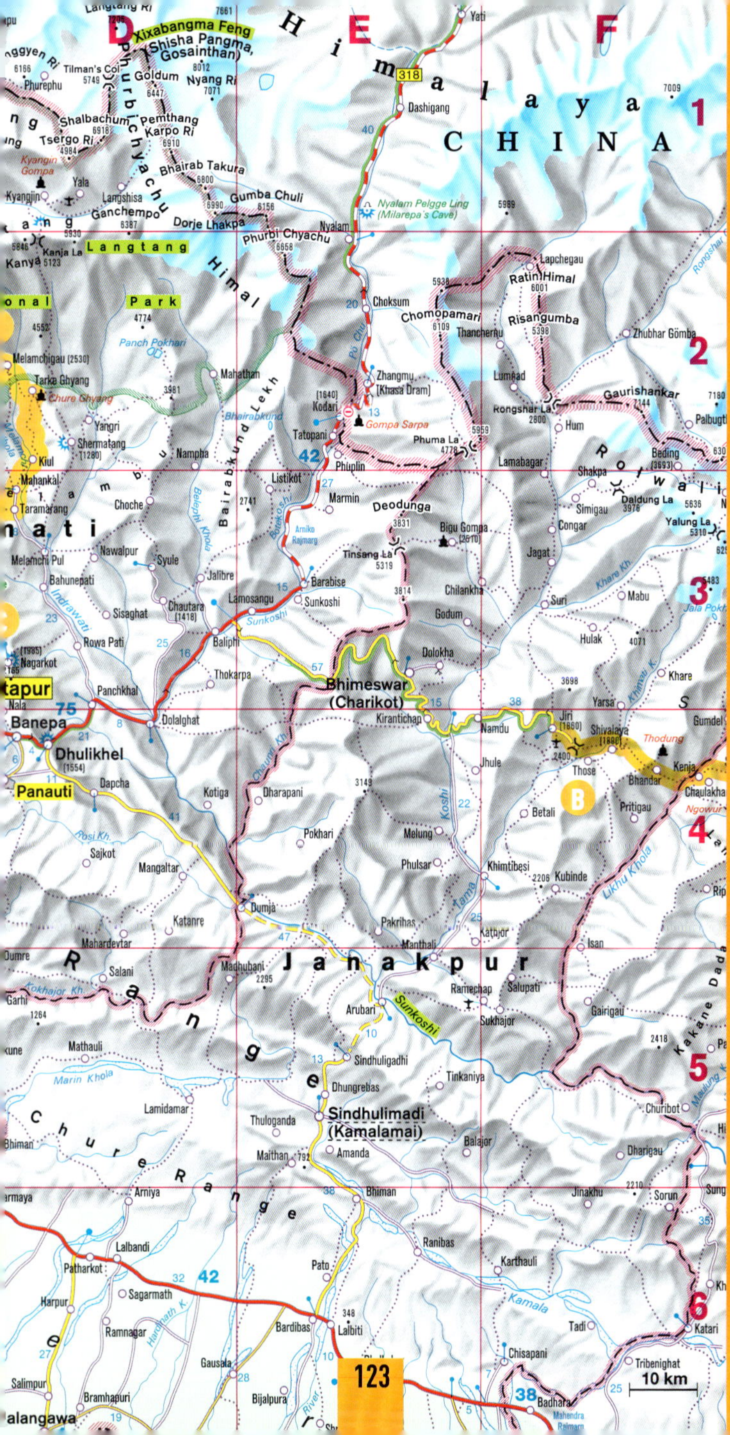
D
E
F
1
2
3
4
5
6
Himalaya
CHINA
Xixabangma Feng
(Shisha Pangma, Gosainthan)
7661
Tilman's Col
Phurephu
Goldum
Nyang Ri
7071
8012
Shalbachum
Pemthang
Karpo Ri
Tsergo Ri
Phurbichyachu
Bhairab Takura
Kyangjin Gompa
Yala
Langshisha
Ganchempo
Gumba Chuli
Dorje Lhakpa
Phurbi Chyachu
Langtang
Kanja La
Kanya
Himal
Park
Panch Pokhari
Melamchigau [2530]
Tarke Ghyang
Chure Ghyang
Mahathan
Bhairabkund
Bairabkund Lekh
Yangri
Shermatang [1280]
Nampha
Kiul
Mahankal
Taramarang
Choche
Belephi Khola
Listikot
Nawalpur
Melamchi Pul
Syule
Jalibre
Bahunepati
Indrawati
Sisaghat
Chautara [1418]
Lamosangu
Sunkoshi
Rowa Pati
Baliphi
Nagarkot
Thokarpa
Panchkhal
Banepa
Dhulikhel [1554]
Dolalghat
Panauti
Dapcha
Kotiga
Dharapani
Sajkot
Mangaltar
Bumja
Katanre
Mahardevtar
Salani
Madhubani
Janakpur
Range
Arubari
Sunkoshi
Sindhuligadhi
Dhungrebas
Sindhulimadi (Kamalamai)
Thuloganda
Lamidamar
Mathauli
Marin Khola
Churia Range
Maithan
Amanda
Bhiman
Arniya
Lalbandi
Patharkot
Sagarmath
Harpur
Ramnagar
Pato
Bardibas
Lalbiti
Gausala
Bijalpura
Salimpur
Bramhapuri
Yati
318
Dashigang
Nyalam Pelgge Ling (Milarepa's Cave)
Nyalam
Choksum
Chomopamari
Lapchegau
Rating Himal
Risangumba
Thanchenu
Zhubhar Gomba
Zhangmu [Khasa Dram]
Kodari
Tatopani
Gompa Sarpa
Phuma La
Lumnad
Rongshar La
Gaurishankar
Hum
Palbugthang
Beding [3693]
Phuplin
Lamabagar
Rolwaling
Shakpa
Daldung La
Yalung La
Marmin
Deodunga
Bigu Gompa [2510]
Simigau
Congar
Tinsang La
Jagat
Barabise
Chilankha
Suri
Mabu
Godum
Hulak
Dolokha
Khare
Bhimeswar (Charikot)
Kirantichap
Namdu
Jiri [1860]
Shivalaya [1800]
Yarsa
Thodung
Kenja
Bhandar
Those
Gumdel
Jhule
Chaulakharka
Betali
Pritigau
Koshi
Melung
Pokhari
Phulsar
Khimtibesi
Kubinde
Likhu Khola
Tama
Pakrihas
Manthali
Katajor
Isan
Ramechap
Salupati
Sukhajor
Gairigau
Kakane Dada
Tinkaniya
Churibot
Balajor
Dharigau
Jinakhu
Sorun
Ranibas
Karthauli
Kamala
Tadi
Katari
Chisapani
Tribenighat
Badhara
10 km

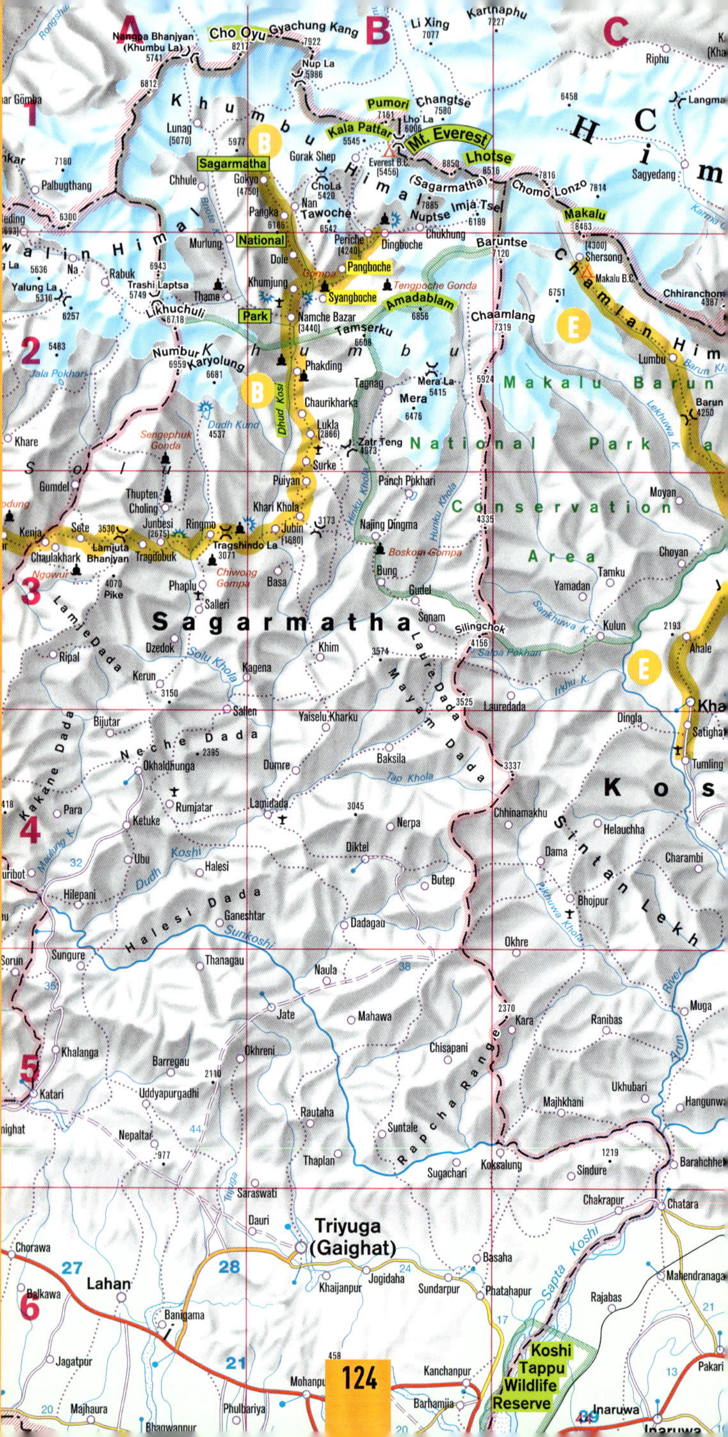
A
B
C
1
2
3
4
5
6
Nangpa Bhanjyan
(Khumbu La)
5741
Cho Oyu
8217
Gyachung Kang
7922
Nup La
5986
Li Xing
7077
Kartnaphu
7227
Riphu
Rongshar
6812
Khumbu Himal
Lunag
[5070]
5977
Pumori
7161
Changtse
7580
Lho La
6006
Kala Pattar
5545
Mt. Everest
8850
Everest B.C.
[5456]
Lhotse
8516
(Sagarmatha)
Gorak Shep
Sagarmatha
Gokyo
[4750]
Chola
5420
Nan
Tawoche
6542
Pangka
6186
Nuptse
7885
Imja Tsel
6189
Chomo Lonzo
7816
7814
Makalu
8463
[4300]
Shersong
Makalu B.C.
6458
Langma
Sagyedang
Karma
Chhule
Palbugthang
7180
6300
Murlung
National
Dole
Periche
[4240]
Dingboche
Chukhung
Baruntse
7120
Pangboche
Gompa
Tengpoche Gonda
Syangboche
Amadablam
6856
Chamlang
Chaamlang
7319
6751
Chhirancho
4387
Na
5636
6943
Rabuk
Yalung La
5310
Trashi Laptsa
5749
Thame
Khumjung
6257
Likhuchuli
6718
Park
Namche Bazar
[3440]
Tamserku
6608
E
Lumbu
Barun
5483
Numbur
6959
Karyolung
6681
Phakding
Tagnag
Mera La
5415
Mera
6476
Makalu Barun
Lekhuwa K.
4250
Jala Pokhari
Dudh Kund
4537
Dhud Kosi
Chaurikharka
Lukla
[2866]
Zatr Teng
4973
National Park
Khare
Sengephuk Gonda
Solu
Gumdel
Thupten Choling
Surke
Puiyan
Panch Pokhari
Moyan
Khari Khola
Hinku Khola
Hunku Khola
Conservation
Kenja
Sete
3530
Junbesi
[2675]
Ringmo
Tragshindo La
3071
Jubin
[1680]
3173
Najing Dingma
4335
Chaulakhark
Lamjuta Bhanjyan
Tragdobuk
Boskom Gompa
Area
Choyan
Ngowur
4070
Pike
Chiwong Gompa
Phaplu
Basa
Salleri
Bung
Tamku
Yamadan
Gudel
Sonam
Sankhuwa K.
Kulun
2193
Ahale
Lamje Dada
Sagarmatha
Silingchok
4156
Salpa Pokhari
Ripal
Dzedok
Khim
3574
Solu Khola
Kerun
Kagena
Laure Dada
Irkhu K.
3150
Mayam Dada
3525
Lauredada
Sallen
Yaiselu Kharku
Dingla
Satighat
Tumling
Bijutar
Neche Dada
2395
Okhaldhunga
Dumre
Baksila
Tap Khola
3337
Kos
Kakane Dada
Para
Rumjatar
Lamidada
3045
Nerpa
Chhinamakhu
Helauchha
Ketuke
Sintan Lekh
Dama
Charambi
Molung K.
32
Ubu
Koshi
Halesi
Diktel
Dudh
Pikhuwa Khola
Bhojpur
Hilepani
Butep
Halesi Dada
Ganeshtar
Dadagau
Sunkoshi
Okhre
Sorun
Sungure
Thanagau
Nauia
38
River
35
Jate
Mahawa
Muga
2370
Kara
Ranibas
Arun
Khalanga
Okhreni
Chisapani
Barregau
2110
Katari
Uddyapurgadhi
Ukhubari
Rapcha Range
Majhkhani
Hangunwa
Rautaha
44
Nepaltar
Suntale
977
Thaplan
Sugachari
Koksalung
1219
Sindure
Barahchhe
Saraswati
Triyuga
Chakrapur
Chatara
Dauri
Triyuga
(Gaighat)
Chorawa
27
Lahan
28
24
Basaha
Khaijanpur
Jogidaha
Sundarpur
Phatahapur
Sapta Koshi
Mahendranaga
Balkawa
Banigama
17
Rajabas
21
Jagatpur
21
458
Koshi Tappu Wildlife Reserve
Kanchanpur
13
Pakari
Mohanpu
Barhamjia
20
Majhaura
Phulbariya
Bhagwanpur
20
Inaruwa

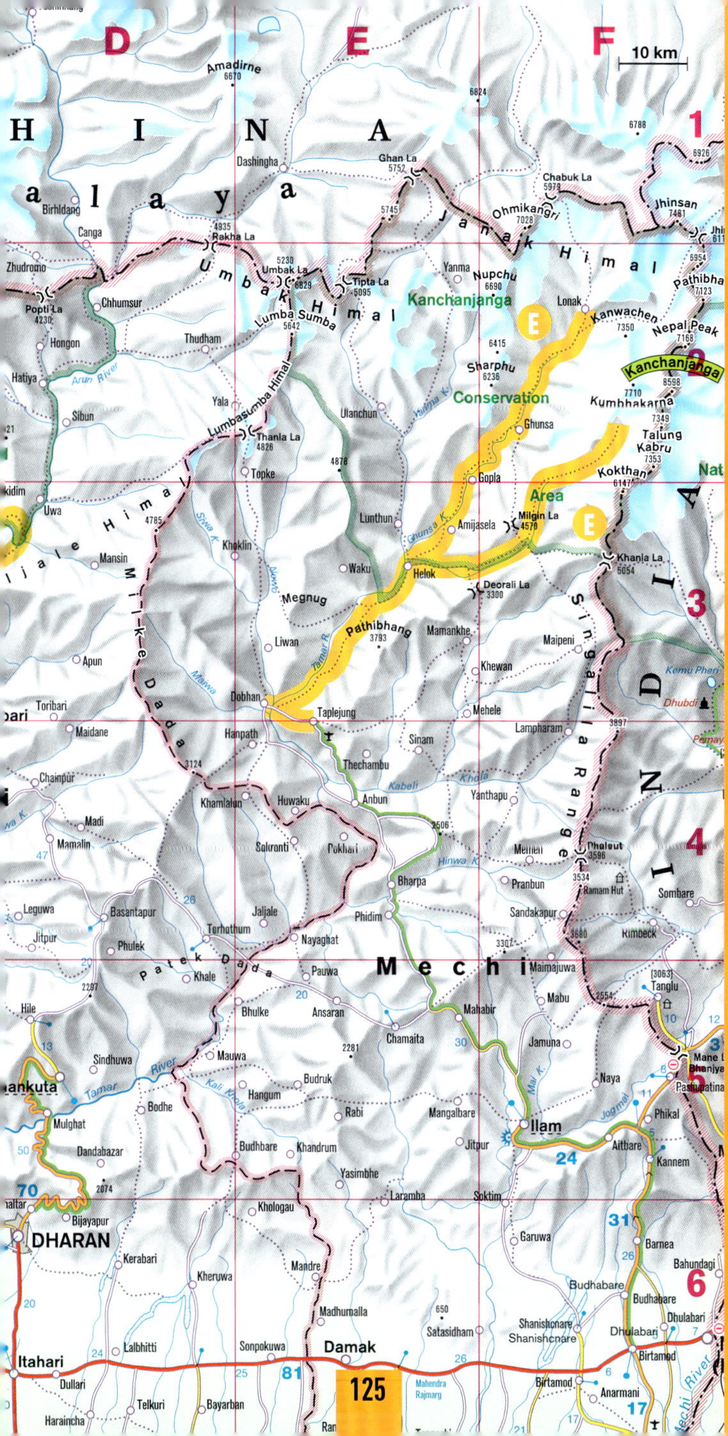

D
E
F
10 km
1
2
3
4
5
6
C H I N A
H i m a l a y a
Amadirne
6670
6824
6788
6926
Dashingha
Ghan La
5752
Chabuk La
5978
Jhinsan
7461
Birhldang
5745
Ohmikangri
7028
Canga
4935
Rakha La
J a n a k H i m a l
6954
Zhudromo
5230
Umbak La
5829
Tipta La
5095
Yanma
Nupchu
6690
Pathibhara
7123
Popti La
4230
Chhumsur
U m b a k H i m a l
Kanchanjanga
Lonak
Kanwachen
7350
Nepal Peak
7168
Hongon
Lumba Sumba
5642
Thudham
6415
Sharphu
6236
Kanchanjanga
Hatiya
Arun River
8598
Yala
Ulanchun
Conservation
7710
Kumbhakarna
Sibun
Lumbasumba Himal
Thanla La
4826
Ghunsa
7349
Talung
Kabru
7353
Topke
4878
Gopla
Kokthan
6147
Uwa
M i l j a l e H i m a l
4785
Area
Lunthun
Amijasela
Milgin La
4570
Khoklin
Mansin
Helok
Khanla La
5054
Waku
Deorali La
3300
Megnug
Pathibhang
3793
Mamankhe
Maipeni
Liwan
Apun
M i l k e D a n d a
Khewan
Kemu Pheri
Dhubdi
Toribari
Dobhan
Taplejung
Mehele
Maidane
Hanpath
Lampharam
3897
Sinam
3124
Thechambu
Chainpur
Kabeli Khola
Huwaku
Anbun
Yanthapu
Khamlalun
2506
Madi
Mamalin
Sakranti
Pokhari
Memen
Dhaleut
3596
Hinwa K.
S i n g a l i l a R a n g e
Bharpa
Pranbun
3534
Ramam Hut
Sombare
I N D I A
Basantapur
Leguwa
Jaljale
Sandakapur
Phidim
Torhothum
Jitpur
Phulek
Nayaghat
3307
3680
Rimbeck
P a t e k D a n d a
M e c h i
Maimajuwa
Khale
Pauwa
[3063]
Tanglu
2297
Mabu
2554
Bhulke
Ansaran
Mahabir
Hile
Chamaita
Jamuna
2281
Sindhuwa
Mane Bhanjyang
Mauwa
Tamar River
Budruk
Naya
Pashupatinagar
Dhankuta
Kali Khola
Hangum
Bodhe
Rabi
Mangalbare
Phikal
Mulghat
Ilam
Budhbare
Khandrum
Jitpur
Aitbare
Dandabazar
Kannem
Yasimbhe
2074
Laramba
Soktim
Kholagau
Bijayapur
DHARAN
Garuwa
Barnea
Kerabari
Bahundagi
Kheruwa
Mandre
Budhabare
Budhabare
Madhumalla
650
Shanishcnare
Shanishcnare
Dhulabari
Satasidham
Dhulabari
Lalbhitti
Sonpokuwa
Damak
Itahari
Birtamod
Birtamod
Dullari
Mahendra Rajmarg
Anarmani
Telkuri
Bayarban
Mechi River
Haraincha

KARTENLEGENDE

Durchgangsstraße - Wichtige Hauptstraße		Thoroughfare - Important main road
Hauptstraße - Nebenstraße		Main road - Secondary road
Fahrweg (nur bedingt befahrbar) - Fußweg, Trekkingroute		Carriageway (use restricted) - Footpath, trekking route
Straßen, unbefestigt		Roads unmade
Straßen in Bau		Roads under construction
Pass - Steigung	8%	Pass - Gradient
Straßennummern	28 31A	Road numbers
Ausflüge & Touren		Excursions & tours
Marco Polo Trekkingroute		Marco Polo Trekking route
Kilometrierung an übrigen Straßen	63 19 14 7 23	Distances in km on other roads
Fernverkehrsbahn - Sonstige Eisenbahn		Main line railway - Secondary line railway
Autofähre an Flüssen - Luftseilbahn		Car ferry on river - Aerial cableway
Verkehrsflughafen - Regionalflughafen - Flugplatz - Landeplatz		Airport - Regional airport - Airfield - Landing ground
Besonders sehenswert: Kultur - Natur	**Bhaktapur** **Mt. Everest**	Of particular interest: culture - nature
Sehenswerter Ort	**Gorkha**	Place of interest
Sehenswert: Kultur - Natur	*Chiwong Gompa* *Mahendra Caves*	Of interest: culture - nature
Landschaftlich schöne Strecke - Touristenstraße		Route with beautiful scenery - Tourist route
Kloster, Tempel, Heiligtum (buddhistisch) - Tempel, Heiligtum (hinduistisch)		Monastery, temple, sanctuary (Buddhist) - Temple, sanctuary (Hindu)
Kirche - Kloster - Burg, Schloss - Moschee - Ruinen		Church - Monastery - Castle, palace - Mosque - Ruins
Ausgrabungs- oder Ruinenstätte - Turm - Denkmal		Archaeological excavation or ruins - Tower - Monument
Aussichtspunkt - Höhle - Wasserfall		Point of view - Cave - Waterfall
Nationalpark, Naturpark - Parkeingang		National park, nature park - Park entrance
Jugendherberge - Campingplatz - Rastlager - Basislager		Youth hostel - Camping site - Tented camp - Basecamp
Lodge, Berghütte - Allein stehendes Hotel		Lodge, refuge - Isolated hotel
Sumpf - Salzsee - Schotterfläche		Swamp - Saltwater lake - Rocky terrain
Staatsgrenze - Grenzkontrollstelle		National boundary - Check-point
Verwaltungsgrenze		Administrative boundary
Hauptstadt	**KATHMANDU**	Capital
Verwaltungssitz	**Baglung**	Seat of the administration

FÜR IHRE NÄCHSTE REISE

gibt es folgende MARCO POLO Titel:

DEUTSCHLAND

Allgäu
Amrum/Föhr
Bayerischer Wald
Berlin
Bodensee
Chiemgau/Berchtesgadener Land
Dresden/Sächsische Schweiz
Düsseldorf
Eifel
Erzgebirge/Vogtland
Franken
Frankfurt
Hamburg
Harz
Heidelberg
Köln
Lausitz/Spreewald/Zittauer Gebirge
Leipzig
Lüneburger Heide/Wendland
Mark Brandenburg
Mecklenburgische Seenplatte
Mosel
München
Nordseeküste Schleswig-Holstein
Oberbayern
Ostfriesische Inseln
Ostfriesland/Nordseeküste Niedersachsen/Helgoland
Ostseeküste Mecklenburg-Vorpommern
Ostseeküste Schleswig-Holstein
Pfalz
Potsdam
Rheingau/Wiesbaden
Rügen/Hiddensee/Stralsund
Ruhrgebiet
Schwäbische Alb
Schwarzwald
Stuttgart
Sylt
Thüringen
Usedom
Weimar

ÖSTERREICH | SCHWEIZ

Berner Oberland/Bern
Kärnten
Österreich
Salzburger Land
Schweiz
Tessin
Tirol
Wien
Zürich

FRANKREICH

Bretagne
Burgund
Côte d'Azur/Monaco
Elsass
Frankreich
Französische Atlantikküste
Korsika
Languedoc-Roussillon
Loire-Tal
Nizza/Antibes/Cannes/Monaco
Normandie
Paris
Provence

ITALIEN | MALTA

Apulien
Capri
Dolomiten
Elba/Toskanischer Archipel
Emilia-Romagna
Florenz
Gardasee
Golf von Neapel
Ischia
Italien
Italienische Adria
Italien Nord
Italien Süd
Kalabrien
Ligurien/Cinque Terre
Mailand/Lombardei
Malta/Gozo
Oberital. Seen
Piemont/Turin
Rom
Sardinien
Sizilien/Liparische Inseln
Südtirol
Toskana
Umbrien
Venedig
Venetien/Friaul

SPANIEN | PORTUGAL

Algarve
Andalusien
Barcelona
Baskenland/Bilbao
Costa Blanca
Costa Brava
Costa del Sol/Granada
Fuerteventura
Gran Canaria
Ibiza/Formentera
Jakobsweg/Spanien
La Gomera/El Hierro
Lanzarote
La Palma
Lissabon
Madeira
Madrid
Mallorca
Menorca
Portugal
Sevilla
Spanien
Teneriffa

NORDEUROPA

Bornholm
Dänemark
Finnland
Island
Kopenhagen
Norwegen
Schweden
Stockholm
Südschweden

WESTEUROPA | BENELUX

Amsterdam
Brüssel
Dublin
England
Flandern
Irland
Kanalinseln
London
Luxemburg
Niederlande
Niederländische Küste
Schottland
Südengland

OSTEUROPA

Baltikum
Budapest
Estland
Kaliningrader Gebiet
Lettland
Litauen/Kurische Nehrung
Masurische Seen
Moskau
Plattensee
Polen
Polnische Ostseeküste/Danzig
Prag
Riesengebirge
Russland
Slowakei
St. Petersburg
Tallinn
Tschechien
Ungarn
Warschau

SÜDOSTEUROPA

Bulgarien
Bulgarische Schwarzmeerküste
Kroatische Küste/Dalmatien
Kroatische Küste/Istrien/Kvarner
Montenegro
Rumänien
Slowenien

GRIECHENLAND | TÜRKEI | ZYPERN

Athen
Chalkidiki
Griechenland Festland
Griechische Inseln/Ägäis
Istanbul
Korfu
Kos
Kreta
Peloponnes
Rhodos
Samos
Santorin
Türkei
Türkische Südküste
Türkische Westküste
Zakinthos
Zypern

NORDAMERIKA

Alaska
Chicago und die Großen Seen
Florida
Hawaii
Kalifornien
Kanada
Kanada Ost
Kanada West
Las Vegas
Los Angeles
New York
San Francisco
USA
USA Neuengland/Long Island
USA Ost
USA Südstaaten/New Orleans
USA Südwest
USA West
Washington D.C.

MITTEL- UND SÜDAMERIKA

Argentinien
Brasilien
Chile
Costa Rica
Dominikanische Republik
Jamaika
Karibik/Große Antillen
Karibik/Kleine Antillen
Kuba
Mexiko
Peru/Bolivien
Venezuela
Yucatán

AFRIKA | VORDERER ORIENT

Ägypten
Djerba/Südtunesien
Dubai/Vereinigte Arabische Emirate
Israel
Jerusalem
Jordanien
Kapstadt/Wine Lands/Garden Route
Kapverdische Inseln
Kenia
Marokko
Namibia
Qatar/Bahrain/Kuwait
Rotes Meer/Sinai
Südafrika
Tunesien

ASIEN

Bali/Lombok
Bangkok
China
Hongkong/Macau
Indien
Indien/Der Süden
Japan
Ko Samui/Ko Phangan
Malaysia
Nepal
Peking
Philippinen
Phuket
Rajasthan
Shanghai
Singapur
Sri Lanka
Thailand
Tokio
Vietnam

INDISCHER OZEAN | PAZIFIK

Australien
Malediven
Mauritius
Neuseeland
Seychellen
Südsee

REGISTER

In diesem Register sind alle in diesem Führer erwähnten Orte und Ausflugsziele verzeichnet. Abkürzungen stehen für die Orte Bhaktapur (B), Bodnath (Bo), Kathmandu (K), Patan (P). Halbfette Seitenzahlen verweisen auf den Haupteintrag, kursive auf ein Foto.

> SCHREIBEN SIE UNS!

Liebe Leserin, lieber Leser,

wir setzen alles daran, Ihnen möglichst aktuelle Informationen mit auf die Reise zu geben. Dennoch schleichen sich manchmal Fehler ein – trotz gründlicher Recherche unserer Autoren/innen. Sie haben sicherlich Verständnis, dass der Verlag dafür keine Haftung übernehmen kann.

Wir freuen uns aber, wenn Sie uns schreiben.

Senden Sie Ihre Post an die
MARCO POLO Redaktion,
MAIRDUMONT, Postfach 31 51,
73751 Ostfildern,
info@marcopolo.de

IMPRESSUM

Titelbild: Im Wind flatternde Gebetsfahnen (Getty imagesStone: Sitton)
Fotos: Aryatara Adventure P. Ltd.: Subhash Ram Prajapati (94 M. l.); Binod Pradhan: Kishore Maharjan (15 o.); The Dwarika's Hotel, Kathmandu (14 u., 95 M. l.); © fotolia.com: granitepeaker (94 o. l.), Jyothi Joshi (15 u.), Laurent Scavone (13 o.), topone (95 o. l.), Wollwerth Imagery (14 o.); Getty imagesStone: Sitton (1); R. M. Gill (98); Gokarna Forest Resort: Pawan Bali (13 u.); Himalayan Heli Ski Guides: Craig Calonica (12 u.); Huber: Huber (80/81, 114/115), Picture Finders (24/25, 28/29); © iStockphoto.com: Robert Linton (94 u. r.), Paul Piebinga (94 u. l.), Shannon Varis (95 u. r.), web-photographeer (94 M. r.); V. Janicke (6/7, 8/9, 16/17, 18); Kamma Healing Center: Dipendra Bajracharga (95 M. r.); M. Kirchgessner (2 l., 3 r., 11, 22, 27, 28, 36, 43, 46/47, 53, 56, 61, 66, 85, 88/89, 90, 100, 100/101); I. Kobek (130); Laif: Glogowski (U. r., 4 l., 44, 48, 74/75, 79, 86, 93, 96/97), Hahn (101), Tueremis (55), Zanettini (4 r.); Look: Chwaszcza (82), Maeritz (41), Potschka (20, 23); Mauritius: Mithra-Gorter (29); K. U. Müller (3 l.); Matthias Neuber (12 o.); R. Sigle (22/23); T. Stankiewicz (2 r., 5, 30/31, 35, 38, 51, 59, 63, 64/65, 69, 70, 73); M. Stephan (U. l., U. M., 3 M., 26, 32, 76); R. P. Thapa (130)

7., aktualisierte Auflage 2009

Chefredaktion: Michaela Lienemann, Marion Zorn
Autorin: Ludmilla Tüting; Bearbeiter: Iris Kobek, Ram Pratap Thapa;
Redaktion: Jens Bey, Ulrike Frühwald
Programmbetreuung: Silwen Randebrock; Bildredaktion: Gabriele Forst
Szene/24h: wunder media, München; Kartografie Reiseatlas: © MAIRDUMONT, Ostfildern
Innengestaltung: Zum goldenen Hirschen, Hamburg; Titel/S. 1–3: Factor Product, München
Sprachführer: in Zusammenarbeit mit Ernst Klett Sprachen GmbH, Stuttgart, Redaktion PONS Wörterbücher

Printed in Germany. Gedruckt auf 100% chlorfrei gebleichtem Papier

> UNSERE INSIDER

Die MARCO POLO Korrespondenten Iris Kobek und Pratap Thapa im Interview

Iris Kobek (r.) wohnt mit ihrer Familie seit sieben Jahren in der Hauptstadt Kathmandu, wo sie bis vor Kurzem für den Deutschen Entwicklungsdienst tätig war. Ram Pratap Thapa ist gebürtiger Nepali und lebt als Honorarkonsul von Nepal und Präsident der Deutsch-Nepalischen Gesellschaft seit 1986 in Köln.

Woher rührt Ihre Liebe zu Nepal?

I. K.: Sie begann 1998 mit einer Trekkingreise nach meinem Studienabschluss als Diplomkauffrau. Ich fand das Land von Anfang an spannend und habe nach Möglichkeiten gesucht, dort zu arbeiten, und diese vier Jahre später schließlich auch gefunden.

R. P. T.: Es ist mein Geburtsland. Viele Ecken kenne ich gut und verbinde mit ihnen persönliche Erinnerungen.

Was sind Ihre Lieblingsorte?

I. K.: Für mich ist Kathmandu eine zweite Heimat geworden. Von Anfang an war es leicht, sich hier zurechtzufinden.

R. P. T.: Ich fühle mich in Chitwan und Kathmandu am wohlsten.

Und was mögen Sie in Nepal nicht so?

I. K.: Die meist mehrstündigen, nicht selten täglichen Stromausfälle sowie den Verkehr in Kathmandu.

R. P. T.: Widrigkeiten wie die Stromausfälle sind ärgerlich, aber nicht zu ändern. Am besten versucht man, sich nicht von seiner Alltagsroutine abbringen zu lassen.

Sprechen Sie Nepali?

I. K.: Ja, ich kann es allerdings bis auf ein paar Zahlen und Buchstaben nicht lesen und schreiben. Weil es mir vor allem auf die Verständigung ankam, habe ich anfangs Unterricht bei einem Sprachinstitut in Thamel genommen.

R. P. T.: Nepali ist meine Muttersprache ...

Was prädestiniert Sie als MARCO POLO Korrespondenten?

I. K.: Ich kenne Nepal gut, denn meine Tätigkeit als Beraterin einheimischer Organisationen beim Deutschen Entwicklungsdienst brachte Reisen in verschiedene Landesteile mit sich.

R. P. T.: Dank meines Berufs beschäftige ich mich täglich mit Nepal und bin somit immer auf dem Laufenden. Mehrmals jährlich reise ich dorthin, um mich an Ort und Stelle zu informieren.

Was machen Sie in Ihrer Freizeit?

I. K.: Yoga, Mountainbiking, Wandern. Momentan gehört meine Zeit aber ganz meiner 2009 geborenen Tochter.

R. P. T.: Nepal beschäftigt mich meist auch in meiner Freizeit.